Robert Allmers

Die Mär von der Freiheit der Friesen

Oder warum die Friesen unfrei waren

Allmers, Robert

Die Mär von der Freiheit der Friesen
Oder warum die Friesen unfrei waren

ISBN: 978-3-86267-068-0

Auflage: 1
Erscheinungsjahr: 2011
Erscheinungsort: Bremen, Deutschland

Europäischer Literaturverlag GmbH, Fahrenheitstr. 1, 28359 Bremen (www.elv-verlag.de).

Bei diesem Titel handelt es sich um den Nachdruck eines historischen, lange vergriffenen Buches aus dem der Cotta'schen Buchhandlung, Stuttgart (1896). Da elektronische Druckvorlagen für diese Titel nicht existieren, musste auf alte Vorlagen zurückgegriffen werden. Hieraus zwangsläufig resultierende Qualitätsverluste bitten wir zu entschuldigen.

Cover: Foto © Bernd Rother/Pixelio

DIE
UNFREIHEIT DER FRIESEN
ZWISCHEN WESER UND JADE.

EINE

WIRTSCHAFTSGESCHICHTLICHE STUDIE

VON

ROBERT ALLMERS,
DOKTOR DER STAATSWIRTSCHAFT.

STUTTGART 1896.
VERLAG DER J. G. COTTA'SCHEN BUCHHANDLUNG
NACHFOLGER.

Meinen teuren Eltern

Vorwort.

„Die Unfreiheit der Friesen zwischen Weser und Jade" — ein sonderbarer Titel, da man doch gewohnt ist, von freien Friesen zu hören und zu reden. In der That, die landläufige Meinung ist die, dass die Friesen, und besonders unsere Rüstringer, immer frei gewesen seien, und wiederholt ist diese Freiheit der Friesen in Poesie und Prosa verherrlicht worden. Nur wenigen ist es bekannt, dass dem nicht so gewesen ist. Ich gehörte zu den vielen, die an die Freiheit der Rüstringer glaubten und sich darüber freuen. Als ich nun in der Vorlesung des Herrn Geh. Rats Professor Dr. Brentano über Agrarpolitik mit der Geschichte der Bauern anderer Landschaften bekannt wurde, als ich die Grundherrlichkeit und den Einfluss, den sie auf die Volkswirtschaft geübt, kennen lernte, erwachte in mir der Wunsch, einmal die Wirtschaftsgeschichte freier Bauern zu erforschen. Ich glaubte, dass die hohe Blüte der Landwirtschaft, die guten Zustände in Butjadingen und Stadland in historischem Zusammenhang ständen mit jener viel gerühmten friesischen Freiheit.

Aber schon nach kurzer Zeit der Arbeit im Oldenburger Haus- und Zentralarchiv musste ich erfahren, dass die friesische Freiheit, wenigstens soweit sie die Rüstringer Friesen betrifft, eines jener alten Ideale ist, welche vor dem Lichte der historischen Wahrheit nicht standhalten. Ich fand, dass auch die Rüstringer unfrei gewesen seien, und nicht in geringem Grade, und da trieb es mich, weiter zu forschen, zu erfahren, wie sie in Unfreiheit gekommen, wie dieser Zustand selbst war und vor allem, welchen Einfluss er auf die Volkswirtschaft gehabt hat. Das Ergebnis dieser Forschungen ist die vorliegende Arbeit, die ich nunmehr der Oeffentlichkeit übergebe.

Der Schilderung der Unfreiheit der Rüstringer und ihrer Befreiung schicke ich voraus einen kurzen Ueberblick über die Geschichte der Rüstringer zwischen Weser und Jade bis zu ihrer endgültigen Unterwerfung durch die Oldenburger Grafen. Dazu muss ich bemerken, dass die Verhältnisse bis zur Mitte des 14. Jahrhunderts noch so wenig erforscht sind, dass eine endgültige Darstellung derselben noch nicht möglich ist. Meine Absicht war es daher auch nicht, eine solche endgültige Darstellung zu geben; das muss Gegenstand besonderer Forschungen sein, und es bietet sich hier dem Historiker ein noch wenig beackertes Feld für seine Thätigkeit. Was ich im ersten Abschnitt gebe, ist eine kurze Darstellung der Verhältnisse nach dem heutigen Stand unserer Wissenschaft, wie ich sie zum Verständnis der Periode der Unfreiheit für nötig halte.

Dabei drängt es mich, meinen verehrten Lehrern, den Herren Professoren Brentano und Lotz, für mannigfache Anregung und Unterstützung durch Rat und That auch an dieser Stelle meinen Dank auszusprechen. Ganz besonderen Dank schulde ich Herrn Archivrat Dr. Sello in Oldenburg, der mir nicht allein das Akten- und Urkundenmaterial des Haus- und Zentralarchivs in nicht genug anzuerkennender Weise zugänglich gemacht hat, sondern mir auch jederzeit ein liebenswürdiger Berater war. Endlich will ich nicht unterlassen, den Beamten des Oldenburger Archivs sowohl wie der Münchener Universitätsbibliothek und dem Leiter der letzteren, Herrn Dr. H. Schnorr von Carolsfeld, an dieser Stelle für ihre Bemühungen zu danken.

München, im März 1896.

Robert Allmers.

Quellen.

Als hauptsächliche Quellen dienten mir Akten und Urkunden des Oldenburger Haus- und Zentralarchivs. Bei Auszügen aus denselben bezw. Wiedergabe derselben habe ich die Orthographie vereinfacht, gemäss den von der III. Versammlung deutscher Historiker (1895 in Frankfurt a. M.) aufgestellten Grundsätzen; bei der Eigenartigkeit der Quellen habe ich jedoch hie und da vorgezogen, die Originalschreibung beizubehalten. Die von mir benutzten Akten und Urkunden finden sich im Oldenburger Haus- und Zentralarchiv unter folgenden Titeln bezw. Fascikelnummern:

Abteilung C. Territorialarchive.
II i. Aa. Oldenb. Landesarchiv.

Tit. V. Gräfliche Haus- und Hofhaltung; Hofdiener. Nr. 1. 2. 9. 10.
„ VII. Gnadensachen. Nr. 6—8.
„ VIII. Landeshoheit, Regierung, Verfassung, Verwaltung. Nr. 20. 21. 23. 32a.
„ IX. Justizwesen. Nr. 1. 4. 11.
„ XI. Domänen. Nr. 5—7. 9. 11—17. 19. 19a. 27. 44. 46—53. 79—84a. 92. 93. 95—98. 103. 104. 108. 110—112. 114. 115.
„ XII. Eximierte Güter. Nr. 30—37.
„ XIII. Fideikommiss- und Allodialgüter. Nr. 1. 5. 6. 10. 11. 15. 17—19. 27. 28.
„ XVI. Steuern und Abgaben. Nr. 1. 1a. 1b. 5. 18. 23. 24. 26. 27. 39. 44. 56. 68. 72. 74. 75. 91. 101. 115. 128.
„ XXIX. Landesökonomiesachen. Nr. 5.
„ XXXIX. Lehnssachen. Nr. 13a—e.
„ XL A. Butjadingen und Stadland. Nr. 1—27.

Abteilung D II. Manuscripta Oldenburgica specialia.

Butjadinger Weinkaufsregister 1563/65.
Butjadinger Weistum betr. Testamente 1586.
Entwurf des Butjadinger Landrechts 1622.
Verzeichnis der gräflichen Ländereien in Butjadingen s. a. (17. Jahrhundert).
Joh. Just. Winkelmanns gründlicher Bericht über Butjadingen und Stadland bis 1683.
Bolken, Ueber den Verfall des Butjadingerlandes 1785.
Alers, dgl. 1786.

Inhaltsverzeichnis.

		Seite
Vorwort		VII
Quellennachweis		IX
Einleitung.	Die Entstehung des Landes, seine Besiedelung und Bewirtschaftung	1
I. Abschnitt.	Die Zeit der wirtschaftlichen und politischen Selbständigkeit der Butjadinger und Stadländer	7
II. „	Die Herabdrückung der freien Friesen zu Hörigen durch die Grafen von Oldenburg	18
III. „	Die Bewirtschaftung des gräflichen Grundbesitzes	63
IV. „	Die Ansätze zur Bauernbefreiung und ihre Ursachen	82
V. „	Die Bauernbefreiung	114

Einleitung.

Dort, wo sich jetzt zwischen Weser und Jade üppige grüne Weiden und wogende Kornfelder weithin ausdehnen, war vor Jahrtausenden eine weite, öde Wasserfläche. Die Weser ergoss sich damals noch in vielen kleinen, weit verzweigten Strömen in die Nordsee. Bei ihrer Vereinigung mit dem Meere fand derselbe Prozess statt, den wir noch heute an der Meeresküste bei jedem Flutwechsel beobachten können. Der vielfach zerteilte, langsam und träge dahinfliessende Strom lagerte an der Mündung seine mitgeschleppten Schlammteile ab, und wenn die Flut kam, schwemmte sie den Schlamm an die Küste, die allmählich höher und höher wurde. Es entstanden die Marschniederungen.

Kaum hatte das neue Land eine gewisse Höhe erreicht, so kamen auch schon die Menschen, um sich darauf anzusiedeln. Plinius der Jüngere [1] erzählt uns sehr anschaulich von diesen ersten Ansiedlern und zwar gerade von den Bewohnern unseres Landstriches, dass sie auf dem Watt, d. i. die nur zur Flutzeit vom Meere bedeckte Fläche, auf hohen Erdhügeln in elenden Hütten gewohnt und sich vom Fischfang ernährt hätten. Zweimal täglich sei die Flut gekommen und hätte die Hügel rings umspült. Der Schriftsteller nennt sie Chauci minores und majores, und aus Ptolemäus wie aus Tacitus geht mit Bestimmtheit hervor, dass der Landstrich, mit dessen Ur-

---

[1] C. Plinius sec. 16. Buch 1. Kap. In der Ausgabe von Lemaire (Paris 1829) Bd. V 447: Sunt vero in septentrione ...

geschichte wir uns beschäftigen, von den Chauci minores oder auch Chauci parvi bewohnt wurde.

Uns interessiert nun vor allem die Art und Weise, wie jene ersten Bewohner sich ansiedelten. Sie bauten also im Watt, wahrscheinlich auf von Natur etwas höheren Punkten Erdhügel, auf denen sie ihre primitiven Hütten aufschlugen, um so dem Meere näher zu sein und dem Fischfang bequemer obliegen zu können, vielleicht auch um vor etwaigen Feinden besser geschützt zu sein. Von diesen Erdhügeln finden sich noch heute im Lande manche Ueberreste, Wurthen genannt, ja nicht selten stehen noch jetzt die Bauernhöfe auf diesen Wurthen. Die ersten Bewohner derselben müssen ein armseliges Leben geführt haben. Sie ernährten sich von den Gaben des Augenblicks, lebten von der Hand in den Mund. Vorräte zu sammeln war ihnen unmöglich, und so werden sie oft die grössten Entbehrungen erduldet haben. Sie befanden sich auf äusserst tiefer Kulturstufe. Von Zeit zu Zeit werden sich die Ansiedler zu gemeinsamem Fischfang oder zu Kriegszügen vereinigt haben; im übrigen können sie jedoch nur recht lose verbunden gewesen sein; das lag in den natürlichen Verhältnissen begründet. Die Bewohner der einen Wurth konnten zu den oft weit entfernten Nachbarn nur mit Schwierigkeit gelangen; da versteht es sich von selbst, dass von einem Gemeinwesen unter den Stammesangehörigen, wie wir es in der Markgenossenschaft finden, hier nicht die Rede sein kann.

Das wurde anders mit der Veränderung des Bodens. Der Fluss und das Meer setzten das Geschäft des Landanschwemmens von Jahrhundert zu Jahrhundert fort; das Land wurde höher und höher und schliesslich so hoch, dass es nicht mehr zu jeder Flutzeit überschwemmt wurde, sondern nur noch von aussergewöhnlich hohen, sog. Springfluten. Der Boden überzog sich im Laufe der Zeit mit einem Pflanzenwuchs, und damit begann für den Bewohner der Marschen eine neue Wirtschaftsperiode. Das Meer war zurückgetreten, die Bedingungen zum Fischfang also ungünstiger; denn der Weg zum offenen Meer war länger geworden. So beginnt die Zeit, in welcher der Marschbewohner zum Marschbauer wird. Er züchtet Vieh, aber er behält dabei seinen ursprünglichen Wohnsitz; ein Nomadisieren ist nicht möglich, aber auch nicht nötig; denn das auf dem fetten, fruchtbaren Marschboden üppig wachsende Gras bietet dem Vieh überreichliche Nahrung. Kommt eine Hochflut, so holt der Bauer sein Vieh auf die hohe Wurth, um es, wenn das Wasser abgelaufen ist, wieder auf die Weide zu treiben. Ein Fruchtanbau kann in dieser Periode gar nicht oder nur in ganz beschränktem Masse oben auf der Wurth stattgefunden haben, denn jede hohe Flut würde die anderswo angebaute Frucht vernichtet haben. Dementsprechend muss auch die Nahrung der Bevölkerung vorzugsweise animalischer Natur gewesen sein. Mit den verbesserten Bodenverhältnissen werden auch die Beziehungen zwischen den Stammesangehörigen enger. Sie können jetzt auf dem trockenen Boden leichter zu einander gelangen als ehedem. Aber gleichzeitig ist ihr Territorium auch für äussere Feinde leichter zugänglich geworden, und so ist es ganz natürlich, dass ein festerer Zusammenschluss der Stammesangehörigen stattfindet.

Gefährlicher jedoch als äussere Feinde ist ein andrer, alle gleichmässig bedrohender Feind, das Wasser. Wohl kann der Bauer, wenn die Sturmflut naht, sein Vieh auf die hohe Wurth treiben; aber wie oft werden Vieh und Menschen vom Wasser überrascht, bevor sie die Wurth erreichen, wie oft wird diese selbst mit allem, was darauf ist, von den Wellen hinweggerissen. Der Kampf gegen das Meer war es vor allem, der den Gemeingeist unter den Stammesgenossen erstarken liess. Man begann Deiche zu bauen. Wir dürfen uns indes diese Deichbauten nicht in dem heutigen Sinne denken, als grosse, das ganze Land umfassende Schutzwerke; die wurden erst viel später durchgeführt. Hier wurden allenfalls einige Wurthen durch Deichbauten geschützt, und erst ganz allmählich dehnten sie sich auf grössere Distrikte aus.

Vielleicht war hier der Umstand nicht ohne Einfluss, dass inzwischen Friesen das Land okkupiert und die Ureinwohner, die Chauken, entweder verdrängt oder aufgesogen hatten. Die Friesen aber haben bekanntlich den Deichbau am frühesten gekannt. Wann und wie das Eindringen der Friesen stattgefunden hat, ist noch nicht festgestellt. Im 8. Jahrhundert finden sich auf dem ganzen Küstenstrich vom Zuydersee bis zur Weser Friesen, die sich bis heute von den Sachsen auf der nahen Geest gesondert gehalten haben. Der ursprüngliche Charakter der Anlage, die Ansiedelung in Einzelhöfen, blieb bei alledem bewahrt und hat sich erhalten bis in unsre Zeit. Es ist hier der Ansicht von Meitzen entgegenzutreten, welcher in seinem Abschnitt „Agrarpolitik im engeren Sinne" im Schönbergschen „Handbuch der politischen Oekonomie" [1]) die Entstehung der Einzelhöfe auf dem linken Ufer der untern Weser auf keltischen Einfluss zurückführen möchte. Die Art der Ansiedelung war, wie wir gesehen haben, bedingt durch die Eigentümlichkeit des Bodens, durch die Art und Weise, wie er entstanden ist und besiedelt wurde. Die ersten Bewohner konnten sich gar nicht anders ansiedeln als auf den Wurthen. Die Kelten haben mit dieser Ansiedelungsweise nichts zu thun. Meitzen erklärt in demselben Absatz „nur in einzelnen offenen Thälern [in Süddeutschland nämlich] liegen Dörfer, welche der deutschen [deutschen zum Unterschied von der keltischen] Besitznahme wie in Gallien angehören. In diesen Bergen sind die Einzelhöfe durch die Natur des Terrains und die Vereinzelung des Kulturbodens bedingt". Genau dieselben Momente und keineswegs keltischer Einfluss haben an dem linken Ufer der untern Weser die Ansiedelung in Einzelhöfen bedingt.

Wohl zu unterscheiden ist die oben geschilderte Ansiedelungsweise auf den Marschen zwischen Weser und Jade von der erst viel später im 12. Jahrhundert in den Weser- und Elbmarschen durch Kolonisation entstandenen Form der Marschhufen.

In dem Lande zwischen Weser und Jade, in Butjadingen und Stadland, sehen wir von Anfang an das agrarpolitische Ideal der Ansiedelung in Einzelhöfen verwirklicht. Ob nun auch von vornherein Sondereigentum und Sondernutzung der auf den einzelnen Höfen angesiedelten Familien am Grund und

---

[1]) Schönberg, Handbuch der Politischen Oekonomie (Tübingen 1891) II 136.

Boden stattgefunden hat, darüber lässt sich bei dem heutigen Stand der Wissenschaft nichts Bestimmtes behaupten. Wir dürfen aber wohl mit Recht annehmen, dass wie ursprünglich die ersten, die Fischerei betreibenden Bewohner naturgemäss kein Sondereigentum und Sondernutzung am Meere, an den Fischgründen, gehabt haben können, sondern höchstens ein Sondereigentum der Familien an den Wohnstätten auf den Wurthen und an den Fischereigeräten, dass so auch zur Zeit der Viehzucht treibenden Marschbauern anfangs das ganze angeschwemmte Land im Gemeineigentum des Volkes oder der Markgenossen gestanden hat, während nach wie vor an den Wohnstätten, vielleicht auch am Vieh Sondereigentum der Familien geherrscht hat. Indessen finden wir schon sehr früh, viel früher als irgendwo anders, individualistisches Sondereigentum und Sondernutzung an der bewirtschafteten Fläche, ja wir finden in der Zeit, aus der wir die ersten ausgiebigeren geschichtlichen Nachrichten haben, keine Reste des Gesamteigentums. Wir finden in späterer Zeit wohl Gemeineigentum, welches aber in allen Fällen bestimmten gemeinnützigen Zwecken dient. So werden in Urkunden und Akten aus dem Anfang des 16. Jahrhunderts, der Zeit der Eroberung und Unterwerfung des Landes durch die Oldenburger Grafen, des öfteren Grundstücke erwähnt, deren Einkünfte zur Unterhaltung der Kirchen, Schulen und Krankenhäuser, ferner der Deiche, sowie zur Aufbringung der damals im ganzen Lande erhobenen Türkensteuer dienten. Diese Einrichtungen können aber schwerlich als Beweise für eine früher bestandene kommunistische Agrarverfassung gelten, sie können ebensowohl aus gemeinschaftlichen Meliorationen oder aus Vermächtnissen u. dgl. stammen.

Was die Gliederung der Bevölkerung im Rüstringergau (Riustiga) — das ist der alte Name für das Gebiet, welches heute die friesische Wehde, Teile von Jeverland, sowie Butjadingen und Stadland umfasst — in dem Zeitraum bis zum 12. Jahrhundert betrifft, so ist darüber wenig bekannt. Die alte Ansicht, dass in jener Zeit alle Friesen frei gewesen sind, und dass sie Hörigkeit und Leibeigenschaft nicht gekannt haben, soll unrichtig sein. Nach den Untersuchungen v. Richthofens[1]) war die Bevölkerung ganz Frieslands vom Sinkfal bei Brügge in Flandern bis zur dänischen Grenze nordwärts der Wesermündung gegliedert in die Geburtsstände der Edelinge (nobiles), der Freien (liberi), der Letar (liti) und der eigenen Leute (mancipia, servi). Demzufolge hätte also die altfriesische Wirtschaftsverfassung in dieser Hinsicht der altgermanischen entsprochen. Wie weit das für Rüstringen zutrifft, können wir nicht entscheiden. Im 13. Jahrhundert, aus welchem wir die ersten ausgiebigeren Geschichtsquellen haben, ist diese Verfassung völlig verschwunden.

Die Rüstringer sollen etwa bis zum 12. Jahrhundert unter der Hoheit der Grafen von Oldenburg gestanden haben. Vollgültige, unantastbare Beweise sind jedoch für diese Annahme noch nicht geliefert. Thatsache ist nur, dass sie eine Zeitlang Grafen gehabt haben; indes können diese nur geringe Macht besessen haben. Sie werden bei Kriegszügen die Führer gewesen sein. Ein Missbrauch ihrer politischen Macht zur Verbesserung ihrer wirtschaftlichen Stellung scheint nicht stattgefunden zu haben. Sicherlich wäre auch jeder Versuch dazu sofort von dem kräftigen Volke vereitelt worden.

Nachdem wir so das Land, seine Entstehung, seine Besiedelung und seine Bewohner kennen gelernt, wollen wir uns nunmehr der Geschichte dieser Bewohner zuwenden und zwar wollen wir im nächsten Teile der Arbeit kurz die Zeit ihrer politischen und wirtschaftlichen Selbständigkeit betrachten, denn ohne die Kenntnis dieser Periode würde ein Verständnis der Periode der Unfreiheit nicht möglich sein.

---

[1]) v. Richthofen, Untersuchungen zur friesischen Rechtsgeschichte.

I.
Die Zeit der wirtschaftlichen und politischen Selbständigkeit der Butjadinger und Stadländer.

Um dieselbe Zeit, um welche die den Rüstringer Friesen benachbarten Stedinger nach heldenmütiger Verteidigung den Kreuzheeren der geistlichen und weltlichen Fürsten erlagen (1234), befand sich Rüstringen auf dem Höhepunkt seiner Blüte. Die Hoheitsrechte der Oldenburger Grafen waren — wenn sie überhaupt bestanden haben — längst abgeschüttelt, an die Stelle der alten Verfassung war eine neue mit völlig republikanischer Grundlage getreten. In dem Rüstringen, östlich der Jade, wählten die 16 Gemeinden jährlich je einen Asega (auch Rathmann, consul, judex genannt). Diese 16 einander gleich geordneten Bevollmächtigten, die in ihren Gemeinden weitgehende richterliche und Verwaltungsbefugnisse hatten, leiteten die öffentlichen Angelegenheiten des kleinen Bauernfreistaates. Bei Abschliessen von Verträgen oder dergleichen unterzeichnen sie bald mit „consules sedecim et tota terra Rustringiae" bald mit „judices ac populus terre Rustringhie" oder auch mit „judices et universitas totius terre Rustringhie"[1]). Die Richter halten Gericht zu Ecquerderbrugke unfern dem heutigen Eckwarden an der Jade über die edlen und freien Bewohner des Landes, die sich ihrem Spruche willig unterwerfen. Als Bevollmächtigte nehmen die Richter teil an den Vereinstagen aller friesischen Länder zu Upstalsbom. Diese Versammlungen,

---

[1]) Vgl. die im II. Bd. des von H. G. Ehrentraut herausgegebenen „Friesischen Archivs" (Oldenburg 1854) abgedruckten Urkunden.

welche im 13. Jahrhundert wiederholt abgehalten wurden, hatten vor allem den Zweck der gemeinsamen Verteidigung gegen Fürsten, die ehemalige Hoheitsrechte wieder geltend zu machen bestrebt waren; daneben war ihre Aufgabe, die Sicherung und Herstellung des Landfriedens und die Bestrafung derer, die ihn störten, sowie die Aufrechterhaltung des bestehenden Rechts [1]).

Der Stand der Edelinge, welche inmitten des kräftigen Volkes grundherrliche Rechte nicht dauernd erlangt hatten, war zur Zeit der Republik nicht mehr vorhanden. Wohl gab es in den einzelnen Gemeinden hervorragende Familien; aber sorgsam verhüteten die Gemeindemitglieder ein zu Mächtigwerden derselben. Das alte Gesetz, dass kein Friese ein steinernes Haus haben dürfe, hatte noch völlige Gültigkeit.

In dieser Zeit befand sich das Land in hoher Blüte. Die freien Menschen auf dem freien Lande hatten es zu einer intensiven Wirtschaft gebracht, der Volkswohlstand wuchs mehr und mehr. Wie in unseren Tagen so waren schon damals die Pferde und das Rindvieh der Rüstringer Bauern weit und breit bekannt und berühmt. Zu den grossen Märkten in Blexen und dem längst von den Wellen verschlungenen Oldensum kamen durch Geleitbriefe der Richter geschützt alljährlich viele Kaufleute, nicht allein aus den in der Nähe liegenden Städten Osnabrück und Bremen, sondern auch aus Westfalen und vom Rhein.

Waren die Ursachen des Wohlstandes einerseits die günstigen klimatischen Verhältnisse, so kann doch nicht verkannt werden, dass auf der andern Seite der Umstand von grosser Bedeutung war, dass jeder Bauer persönlich frei war und sein Land als völlig freies Eigentum besass, und dass er in seiner Wirtschaft nicht gehindert war durch Reste einer kommunistischen Agrarverfassung. Das war der grosse Vorzug, den die Rüstringer vor den meisten Bauern im übrigen Deutschland besassen. Die Bevölkerung war wirtschaftlich kräftig und so konnte sie auch jahrhundertelang dem Anprall der vielen mächtigen Feinde

---

[1]) v. Richthofen, Untersuchungen zur friesischen Rechtsgeschichte I 370.

widerstehen, denen nach den fetten, fruchtbaren Marschen gelüstete.

Der Hauptfeind der Rüstringer war seit der Mitte des 13. Jahrhunderts die Stadt Bremen, oder eigentlich umgekehrt: die Rüstringer, „nach der Zahl ihrer Bevölkerung und den Hilfsmitteln ihres Landes weitaus der stärkste der an der untern Weser sitzenden Stämme" wurden aus ehemaligen Freunden die gefährlichsten Feinde der Bremer[1]). Bremen entwickelte sich gerade in jener Zeit zur Seehandelsstadt. Die Rüstringer Friesen aber störten es in jener Entwickelung, indem sie die bremischen Schiffe nicht mehr ungehindert passieren liessen. Sie verlangten Tributzahlungen, eine Art Weserzoll, von den passierenden Schiffen, und wenn man ihnen nicht gutwillig das Verlangte gab, nahmen sie es mit Gewalt. Der Handel Bremens war ernstlich bedroht, ja im Jahre 1307 lag die bremische Seefahrt eine Zeitlang völlig danieder[2]). Alle Bemühungen der Bremer, diese Uebelstände zu beseitigen, waren nutzlos. Sie versuchten, die Rüstringer wirtschaftlich lahm zu legen, indem sie die westfälischen Kaufleute baten, nicht die Rüstringer Märkte zu besuchen; der Versuch missglückte. Die Kriegsschiffe der Bremer konnten ebenfalls nichts ausrichten, und so mussten sie sich endlich entschliessen, den freien Verkehr auf der Weser im Jahre 1312 mit einer Summe von 1000 Mk. Silber zu erkaufen[3]). Aber noch häufig gab es in der Folge Verwickelungen und Kämpfe.

Aber noch einen andern gefährlichen Feind hatten die Rüstringer, das waren die Grafen von Oldenburg. Mochten diese zunächst nur von dem Wunsche beseelt gewesen sein, das fruchtbare, wohlhabende Land in ihre Gewalt zu bringen, so trat später noch ein andrer Impuls für sie hinzu. Sie mussten sich unter allen Umständen die Herrschaft über die Meeresküste und die untere Weser verschaffen, wollten sie nicht ihren Nachbarn unterliegen und das Schicksal des Aufgesogenwerdens, welches so viele der kleinen benachbarten Grafen erlitten haben, teilen.

---

[1]) Bippen, Geschichte der Stadt Bremen I 177.
[2]) Bippen ibid.
[3]) Bippen ibid.

So hatten die Grafen von Oldenburg und die Bremer das gemeinsame Interesse, die Rüstringer zu unterwerfen, die einen, um sich zu bereichern und politisch mächtiger zu werden, die andern, um in Ruhe die Weser als Handelsstrasse benutzen zu können. Und obwohl die Bremer einsehen mussten, dass, wenn die Oldenburger Grafen die Herrschaft über die Wesermündung erhielten, für sie nichts gebessert sein würde, dass an Stelle der Rüstringer dann die Oldenburger Grafen ihren Handel stören würden, wie es in der That auch später geschah, verbanden sie sich doch im Jahre 1368 mit dem Grafen Konrad zu einer grösseren kriegerischen Unternehmung gegen die Rüstringer [1]. Schon vorher, in den Jahren 1153 und 1253, hatten Oldenburger Grafen Feldzüge gegen die Rüstringer unternommen gehabt, aber beide Male furchtbare Niederlagen erlitten. Jetzt rückte man den Bauern mit 700 Kriegern gemeinsam zu Leibe. Man fuhr die Weser hinunter, landete bei Blexen und traf nicht weit von der Küste bei Koldewärf auf die Friesen, welche den Angriff abwiesen und dann das ganze Heer der Feinde vernichteten. Nur ein Mann soll der Ueberlieferung zufolge entkommen sein und die Botschaft von der Niederlage nach Oldenburg gebracht haben. Vier Grafen lagen erschlagen auf dem Schlachtfelde [2].

Da verging den Bremern und Oldenburgern die Lust zu weiteren Feldzügen, und es folgte eine allerdings kurze Zeit friedlicher Verträge mit den Rüstringern.

Mittlerweile aber hatten sich bei diesen die Verhältnisse geändert. Die Richter hatten es verstanden, in ihren Gemeinden bleibende politische Macht zu erlangen und sich allmählich zu Häuptlingen zu machen. Nach und nach wurde jedes Kirchspiel der Sitz eines Häuptlings. Damit war aber die alte Einigkeit dahin; es dauerte nicht lange, so gerieten die Häuptlinge untereinander in Streit, ja sie bekriegten sich schliesslich gegenseitig.

Die alten Feinde der Rüstringer wussten die für sie günstigen Konstellationen wohl auszunutzen, und schon im

---

[1] Bippen I 233.
[2] Bippen ibid.

Sommer 1384 wurde eine neue Expedition gegen das Bauernvolk ins Werk gesetzt [1]). Als Verbündeten hatten die Bremer und der Oldenburger Graf Konrad den mächtigen Häuptling des Jeverlandes Edo Wiemken zu gewinnen gewusst, indem sie geschickt seine Erbitterung gegen einen der Rüstringer Häuptlinge Husseke Hayen zu Esenshamm, der die Schwester Edo Wiemkens zur Frau gehabt und verstossen hatte, benutzten. Diesmal hatten sie besseren Erfolg; das Stadland wurde nach kurzer Zeit überwunden, und auch Butjadingen kam in eine gewisse Abhängigkeit. Nutzen hatte von der Expedition nur Bremen; die Pacifikation auf der Weser wurde erreicht; der Handel blühte auf. In den letzten Jahren des 14. Jahrhunderts trat nun ein Ereignis ein, welches alle Erfolge der Bremer zu vernichten drohte. Die gefürchteten Vitalienbrüder [2]) waren aus der Ostsee in die Nordsee gekommen und von den Rüstringer Häuptlingen als willkommene Helfer in der Not mit offenen Armen empfangen worden. Da war es aufs neue mit friedlicher Schiffahrt auf der Weser vorbei, mehr als je vorher die Rüstringer, beunruhigten jetzt die Vitalienbrüder den bremischen Handel. Aus diesem Grunde unternahmen im Jahre 1400 die Bremer einen neuen Zug gegen Butjadingen; und so gross war bereits die Uneinigkeit unter den Rüstringern, dass die Häuptlinge des Stadlandes vereint mit den Bremern gegen ihre Brüder in Butjadingen zogen. Eine kräftige Gegenwehr wurde nicht geleistet; das ganze Land wurde unterworfen und eine überaus grosse Menge von Pferden, Rindvieh und Schafen erbeutet.

Der Oldenburger Graf Christian VII. hat sich nur wenig bei dem Unternehmen beteiligt; ihn beunruhigte bereits die wachsende Macht Bremens über Rüstringen. Als nun vollends die Bremer einige Jahre darauf am Weserufer bei dem heutigen Atens eine feste Burg, die Friedeburg, erbauten, da war es

---

[1]) Bippen I 242.

[2]) Die Vitalienbrüder waren Seepiraten, die dem mecklenburgischen Herzog Albrecht bei der Verteidigung seines schwedischen Königsthrones gegen Margareta von Dänemark wichtige Dienste geleistet hatten. Sie hatten ihren Namen daher, dass sie das von den Dänen belagerte Stockholm mit Lebensmitteln (Vitalien) versorgt hatten.

aus mit der alten Freundschaft. Für seine Herrschaft war die Gewinnung der Küstenländer eine Lebensfrage; er durfte nicht dulden, dass die Bremer dort festen Fuss fassten. Im Jahre 1407 begann er einen Feldzug zur Zerstörung der Friedeburg. Obgleich er hierbei von den durch die Erbauung der Friedeburg aufs äusserste erbitterten Friesen indirekt unterstützt wurde, indem sie Einfälle ins bremische Gebiet machten, obgleich er den Bremer Erzbischof, der sich ja immer im Gegensatz zu den Bremern befand, auf seiner Seite hatte, verlief die Unternehmung für ihn sehr unglücklich. Er wurde gefangen genommen und musste einen Vertrag schliessen, durch welchen er jeglichen Einfluss auf die Weserpolitik verlor und in vollständige Abhängigkeit von Bremen geriet.

In Rüstringen war unterdessen die Erbitterung gegen die Häuptlinge, die das ganze Unglück des Landes verschuldet, aufs äusserste gestiegen. Die Ideen von der alten Volksfreiheit wurden wach und fanden einen guten Boden. Eine starke Bewegung zur Rückkehr in die alten demokratischen Verhältnisse machte sich geltend, sie fand ihren Ausdruck in dem „Traktat von den sieben Seelanden". (1417), welches sich scharf gegen die Häuptlingsgewalt richtete [1]. Als 1418 der mächtigste der Häuptlinge, Sibeth, eine schwere Schatzung auf das Land legte, da brach der Krieg zwischen der Volksgemeinde und den Häuptlingen aus [2]. Die alte Thatkraft der Friesen, der alte Heldenmut waren wieder erwacht, und wiewohl die Häuptlinge im Verein mit dem Oldenburger Grafen gegen ihre Volksgenossen zogen, wurden sie völlig besiegt. Binnen kurzem war mit der ganzen Häuptlingswirtschaft aufgeräumt.

Um endlich Ruhe im Lande zu bekommen, begaben sich die Rüstringer — wenn hier von Rüstringern gesprochen wird, so werden darunter nur die Butjadinger und Stadländer verstanden — in den Schutz Bremens, indem sie seine Oberhoheit förmlich anerkannten. Wie Bippen [3] berichtet, wurde dem Bremer Rate das Landgericht überwiesen unter der Bedingung,

---

[1] Vgl. v. Richthofen l. c. II 9.
[2] Bippen l. c. I 275.
[3] Bippen l. c. 247.

dass das „Asebuch", das ist das alte friesische Landrecht, in Kraft bleibe und der dritte Teil der Strafgelder dem Lande verbleibe. Ausserdem mussten die Butjadinger, Bremen eine jährliche Abgabe von einer Tonne Gerste „von jedem Pfluge" zahlen und auf eigene Kosten dem Rat Heeresfolge leisten.

Die verjagten Häuptlinge durften auf Verwendung Kaiser Sigismunds in den Besitz ihrer Güter zurückkehren, mussten aber allen Herrschaftsansprüchen entsagen. Zwar fehlte es in der Folge nicht an Versuchen einzelner Häuptlinge, so vor allem Sibeths von Rüstringen, der von den mächtigen ostfriesischen Häuptlingen Okko tom Brok und Fokko von Leer unterstützt wurde [1]), die alte Machtstellung wieder zu erlangen, aber alle Versuche missglückten. Sie haben indes das Gute gehabt, dass sie sich gleichzeitig gegen die Bremer richteten und ihrer Suprematie in Rüstringen ein Ende machten. Die Friedeburg wurde 1423 zerstört. Bei dem ungefähr gleichzeitig erfolgenden Friedensschluss musste Bremen auf alle Hoheitsrechte in Butjadingen und Stadland, die ihm erst kurz vorher vom Kaiser Sigismund bestätigt worden waren, verzichten.

Die alte Verfassung auf rein demokratischer Grundlage befestigte sich nun mehr und mehr. Wie früher wählte die Volksgemeinde alljährlich 16 Bevollmächtigte, welche die Regierungs- und Verwaltungsgeschäfte der Gemeinheit zu besorgen hatten. Zur Aufrechterhaltung des lange ersehnten Landfriedens schlossen sie im Jahre 1419 ein Schutz- und Trutzbündnis mit Bremen. In der That trat von da ab völlige Ruhe ein, und 7 Dezennien lang konnte der kleine Bauernfreistaat die Segnungen des Friedens geniessen. Der Grundbesitz, welcher durch die jahrhundertelangen Kämpfe arg in Verfall geraten war, wurde nunmehr wieder besser bewirtschaftet; verödete Strecken wurden wieder in Kultur genommen; und so sehen wir am Ende des 15. Jahrhunderts Butjadingen und Stadland wieder als ein blühendes und reiches Land.

Das Jahrhundert aber sollte nicht zu Ende gehen, ohne

---

[1]) Otto Kähler, Die Grafschaften Oldenburg und Delmenhorst in der ersten Hälfte des 15. Jahrhunderts. 37.

dass den Friesen neue Kämpfe erwachsen wären, Kämpfe, welche der Freiheit der sorglos gewordenen Bauern ein jähes Ende bereiteten. Die Oldenburger Grafen hatten das fruchtbare Land, welches ihre Besitzungen von der Wesermündung trennte, nicht aus den Augen verloren. Je blühender und reicher das Land wurde, desto mächtiger wurde in ihnen der Wunsch, es unter ihre Herrschaft zu bringen. Ein Zufall kam dem damaligen Grafen Johann XIV. zu Hilfe. Die berüchtigte „schwarze Garde", eine Landsknechttruppe, welche in Westfriesland von Herzog Heinrich von Sachsen verwendet worden war, war Anfang 1499 beschäftigungslos und suchte, man möchte fast sagen, ein neues Engagement. Diesen Umstand machte sich Graf Johann zu Nutze; er warb die 6000 Mann starke Truppe an, gab ihr einen Rittmeister Hans von Steinberg als Führer und schickte sie ohne vorhergehende Kriegserklärung plötzlich gegen die Butjadinger und Stadländer [1]). Und so völlig unerwartet kam diesen der heimtückisch geführte Schlag, dass nach ganz kurzer Zeit, ehe sich die Angegriffenen zu gemeinsamer Gegenwehr hatten sammeln können, bereits das ganze Land unterworfen war. Wohl wehrten die Rüstringer sich auf das heldenmütigste, wohl erhielten sie Hilfe von den auf dem rechten Weserufer sitzenden Wurster Friesen; aber vergebens war ihr verzweifelter Verteidigungskampf; unaufhaltsam drangen die kriegsgeübten Landsknechte vor.

Nach dem mit dem Grafen abgeschlossenen Vertrage sollte Hans von Steinberg für seine Dienste nach der Eroberung des Landes, von der von ihm ins Werk zu setzenden Kontribution den zehnten Teil (den teinden penninck), ebenso von dem geraubten Hornvieh den zehnten Teil und endlich noch 1200 fl. erhalten. Steinberg brandschatzte nunmehr auf eine fürchterliche Weise, und als ein Jahr später der Graf eine Steuer erheben wollte, konnten die Bauern nichts zahlen; sie erklärten *„al datjenne se ghat hadden und jummer se vermochten, hadden se in der schattinge Hanse von Stenberge gegeven"*. Aus den daraufhin angestellten Erhebungen ergab sich, dass Steinberg

---

[1]) Vgl. die ausführliche Darstellung bei Sello, Der letzte Freiheitskrieg der Friesen zwischen Weser und Jade, Weserzeitung 1894 Nr. 17270/72, 73, 76, 79.

7167 fl. eingenommen aber nur 4548 fl. in Rechnung gestellt hatte. Anscheinend hat er auch diese Summe nicht abgeliefert, denn es heisst, dass er mit der ganzen Kriegskasse das Land Ende Mai verlassen habe. Dem Grafen liess er dafür die wegen des von ihm nicht ausbezahlten Soldes in Meuterei ausgebrochene, unbändige Landsknechtschar zurück. Diese bedrängte den Grafen derart, dass er, um sie zu befriedigen und sich vom Halse zu schaffen, von seinem Schwager Edo Wiemken in Jever ein Darlehen aufnehmen musste.

So musste er also die Besiegung der Butjadinger recht teuer bezahlen, und dabei konnte er nicht einmal die Früchte des Sieges geniessen. Denn kaum hatte er zwei feste Plätze in dem eroberten Lande angelegt, kaum hatte er Vögte und Amtleute zur Verwaltung eingesetzt, da brach der in aller Heimlichkeit sorgsam vorbereitete Aufstand des Bauernvolkes los. Binnen kurzem waren alle Oldenburger aus dem Lande verjagt; nur in der Feste zu Eckwarden hielt sich die Besatzung. Auch sie zog ab nach dem unglücklichen Verlauf des im nächsten Jahre von Johann und seinen vielen Verbündeten gegen die Bauern unternommenen Feldzuges.

Butjadingen hatte darauf eine längere Zeit der Ruhe, ohne dass es jedoch die Befestigung des Landes ausser acht liess. Es musste stets plötzlicher Ueberfälle gewärtig sein. Um wenigstens eine Stütze zu finden gegen ihre Feinde — und das waren fast alle weltlichen und geistlichen Fürsten ringsum — huldigten sie dem stammverwandten und daher ihnen nahe stehenden Grafen Edzard von Ostfriesland und verscherzten damit die Gunst der Bremer, die sich ihnen übrigens als schlechte Bundesgenossen erwiesen hatten.

Dieser Anschluss an Edzard bot 1514 den Anlass zu ihrer völligen Unterwerfung. Edzard war nämlich in die Reichsacht erklärt worden. Zur Vollstreckung derselben verbündeten sich die braunschweigischen Herzöge Heinrich der Aeltere von Wolfenbüttel, Erich von Kalenberg und Heinrich der Mittlere von Lüneburg, die Bischöfe von Minden und Osnabrück und Graf Johann XIV. von Oldenburg. Eine Armee von 6000 Fusssoldaten und 500 Reitern mit einer starken, geliehenen Artillerie rückte im Januar 1514 von Bremen her gegen das kleine

Bauernvolk heran. Wohlgerüstet erwarteten die Friesen den Angriff. Graf Edzard hatte ihnen keine Hilfe schicken können, da er selbst von den Sachsen angegriffen wurde; die Bauern waren also ganz auf sich selbst angewiesen.

Alle wehrhaften Männer des Landes hatten sich hinter der stark befestigten Landwehr bei Hartwarden verschanzt. Wie Sello[1]) berichtet, hatten die Friesen das Tief vor der Landwehr aufgeeist und aus den aufeinander getürmten Eisblöcken eine haushohe, schier unübersteigliche Schutzwehr gebildet. Drei Tage standen die Verbündeten ratlos vor der Landwehr; ein Einnehmen dieser Stellung schien unmöglich. Da zeigte Gerke Ubbesen, leider selbst ein Rüstringer, den Feinden einen Weg durch das Moor, welches der Frost passierbar gemacht, und plötzlich wurden die Bauern von der Rückseite her angegriffen. Nach heldenmütiger Gegenwehr zogen sie sich zurück, um, nachdem sie sich gesammelt, bei Langwarden einen neuen Angriff zu erwarten. Wie vorauszusehen, endete dieser mit der vollständigen Niederlage der Bauern; trotz der verzweifeltsten Gegenwehr wurden sie von der kriegsgeübten Uebermacht besiegt. Achthundert von ihnen waren erschlagen, die Ueberlebenden wurden drei Tage lang in die Esenshammer Kirche gesperrt, um sie zu Unterhandlungen gefügig zu machen. Der Friedensschluss beendete die Periode der politischen Selbständigkeit der Landschaft. Nach jahrhundertelangen Kämpfen waren die Bauern endlich unterlegen.

Wenn wir zurückblicken auf die Geschichte der Butjadinger und Stadländer, so drängt sich uns die Frage auf, wie war es möglich, dass das kleine Bauernvolk so lange Zeit seine Freiheit und Selbständigkeit gegenüber den zahllosen Angriffen sämtlicher benachbarten Mächte verteidigen und wahren konnte. Die Beantwortung der Frage liegt nahe.

Einmal waren die Butjadinger und Stadländer begünstigt durch natürliche Verhältnisse. Ihre Marschen waren an drei Seiten vom Wasser umgeben und vor ihm durch Deichbauten geschützt, welche zwar nicht nach grossen einheitlichen Ge-

---

[1]) Sello, Der letzte Freiheitskrieg der Friesen zwischen Weser und Jade.

sichtspunkten angelegt waren, aber den Vorzug grosser Festigkeit und eines guten Zustandes besassen. Von der Wasserseite her konnten nur die Bremer angreifen; allen anderen fehlte es an Schiffen. Ein Angriff mit Schiffen war aber wegen der vielen Untiefen für den Angreifer recht gefährlich. Auf der vierten Seite im Süden waren die Landschaften von dem Gebiet der damaligen Grafschaft Oldenburg getrennt durch einen breiten Gürtel von Mooren, so dass hier ein Einfall nur an wenigen Punkten möglich war.

Dann aber waren die Bewohner der Jade- und Wesermarschen ganz andere Menschen als ihre Nachbaren auf der Geest und überhaupt als die meisten zeitgenössischen Bauern im übrigen Deutschland. Wenn es im Lande überhaupt je eine Form der bäuerlichen Unfreiheit gegeben hat, so ist dieselbe schon in sehr früher Zeit aufgehoben worden. Der Bauer hat dann seine persönliche Freiheit bewahrt, und dazu ist seine wirtschaftliche Selbständigkeit nicht beeinträchtigt gewesen, weder durch irgend eine Form der Unfreiheit, noch durch irgend welche Reste einer kommunistischen Agrarverfassung. So sehen wir in ihm einen wirtschaftlich kräftigen und physisch wie geistig hochstehenden Menschen, der sehr wohl im stande ist, feindlichen Angriffen zu trotzen und sie abzuwehren.

Endlich hielten die Butjadinger und Stadländer in ihren besten Zeiten während der ersten Republik ausserordentlich fest zusammen, und dann waren sie unbesiegbar. Als aber die Häuptlingswirtschaft aufkam und durch sie Uneinigkeit und Zwietracht unter die Stammesangehörigen gesäet wurden, da gelang es, wie wir gesehen haben, den Feinden zu wiederholtenmalen, im Lande Fuss zu fassen. Aber immer wieder wird das Joch der Fremdherrschaft abgeworfen, und als die Häuptlinge verjagt sind und die alte demokratische Verfassung wieder eingeführt ist, da stehen sie bald wieder in alter Kraft da, und lange Zeit wagt kein Feind, sie anzugreifen. Wenn sie endlich doch erlegen sind, so ist das daher gekommen, dass eine Uebermacht gegen sie ins Feld geführt wurde, der Stand zu halten, über ihre Kräfte hinausging.

II.
Die Herabdrückung der freien Friesen zu Hörigen.

Mit dem Blutbade bei Langwarden wurde der so lange bewahrten politischen und wirtschaftlichen Selbständigkeit der Butjadinger und Stadländer ein Ende gemacht. Die Grafschaft Oldenburg war um diese Zeit recht unbedeutend und übertraf an Grösse und Macht kaum die vielen kleinen benachbarten Grafschaften. Wäre nicht Butjadingen und Stadland endlich in die Gewalt der Grafen von Oldenburg gekommen, so würde vielleicht die Grafschaft dasselbe Schicksal gehabt haben, welches alle jene kleinen Grafschaften erlitten haben, sie würde aufgesogen worden sein von einer grösseren Macht. Erst der Besitz des Landes zwischen Weser und Jade, die Herrschaft über die Wesermündung und das Meer verschaffte der Grafschaft das Uebergewicht, welches sie zu ihrer Lebensfähigkeit und Erhaltung brauchte. So beginnt denn die Weiterentwickelung und das Wachsen der Grafschaft Oldenburg erst mit der Unterwerfung der Friesen zwischen Weser und Jade. Wir wollen nunmehr im einzelnen die Folgen der Eroberung für Sieger und Besiegte betrachten.

Auf Grund des Friedensschlusses mussten die Bauern den Eroberern huldigen, sich zur Zahlung des Zehnten vom gepflügten Lande und der Brüche (d. s. die Strafgelder) verpflichten und eine Summe von 4500 fl. erlegen. Die Verbündeten teilten das Land in vier Teile. Es erhielt:

1. Graf Johann von Oldenburg den grössten Teil, nämlich die Kirchspiele Golzwarden, Rodenkirchen, Esenshamm, Abbehausen und Stollhamm, aber als braunschweigisches Lehen;

2. Herzog Heinrich der Aeltere von Braunschweig—Wolfenbüttel, Eckwarden, Tossens und vom Langwarder Kirchspiel die Bauernschaften Seeverns, Süllwarden, Ruhwarden, Mürrwarden;
3. Herzog Heinrich der Mittlere von Braunschweig—Lüneburg, die andere Hälfte des Langwarder Kirchspiels mit den Bauerschaften Langwarden, Feldhusen, Ober- und Mittel-Fedderwarden und Nivense, ferner Burhave und die Bauerschaft Bredwarden im Waddenser Kirchspiel;
4. Herzog Erich von Calenberg Blexen und die Bauerschaften Waddens und Lutke—Eckwarden.

Die beiden letzten Anteile erwarb Graf Johann von Oldenburg im Jahre 1523 durch Kauf, den zweiten Anteil hatte er schon zwei Jahre früher auf Grund eines Kaufvertrages als braunschweigisches Lehen übernommen. So besass er schliesslich zwei Anteile als braunschweigisches Lehen und zwei als freies Eigentum.

Den Einwohnern wurde, wie es in der den Vertrag enthaltenden Urkunde heisst, der Erdboden „*ganz und gar aver- und ingegeven also dat ein ider inwaner sin erve und guder frie und to egen to allen tiden scholde und mochte beholden, beide buten und innen dikes, ok scholden se alle kerkenguder, beide in gold und sulver und erflant ane besweringe holden und gebruken.*"

Die Friedensbedingungen waren also nicht allzu hart; die Eroberer mochten wohl fürchten, durch eine zu unglimpfliche Behandlung neue Aufstände hervorzurufen. Wie berechtigt solche Befürchtung gewesen wäre, zeigt der Aufstand, der schon im folgenden Jahre ausbrach, aber in kurzer Zeit vom rasch herbeieilenden Bundesheer unterdrückt wurde. Dieser Aufstand verschlimmerte die Lage der Besiegten ganz bedeutend; doch kam es vorderhand nicht zu einer weiteren Beschränkung ihrer Freiheit. Der Graf von Oldenburg begnügte sich damit, die Aecker verwüsten, den Bauern ihr Vieh wegtreiben und ihre Häuser in Brand stecken zu lassen. Ausserdem nahm er aus den Kirchen des Landes eine Menge von wertvollen Edelmetallgefässen und Kirchengeräten fort.

Viele Rüstringer flohen aus dem Lande, die andern ergaben sich in ihr Schicksal und gewöhnten sich allmählich, wenn auch widerwillig an die oldenburgische Herrschaft, die sie anfangs nicht übermässig bedrückte. Das Land erholte sich bald — und das ist wieder ein Beweis für die wirtschaftliche Tüchtigkeit seiner Bewohner — von den Wunden, die der Krieg geschlagen, und als Graf Johann XIV. 1526 starb, zeigte sich bereits wieder ein erfreulicher Wohlstand.

Als Johanns XIV. Nachfolger übernahm sein Sohn Johann zunächst die Regierung, um sie nach drei Jahren im Jahre 1529 an seinen 24jährigen Bruder Anton abzutreten. Damit trat eine bedeutsame Aenderung in der Lage der Butjadinger und Stadländer ein.

Graf Anton I. hatte vor seinem Regierungsantritt längere Zeit am Brandenburger Hof zugebracht, und dies scheint für ihn von grossem Einfluss gewesen zu sein. Die Mark Brandenburg war um jene Zeit das Dorado der Grundherren. Die hohenzollernschen Markgrafen, deren erster Friedrich I. bei seinem Einzuge in die Mark den Missbräuchen der Junker energisch entgegengetreten war, hatten später, als sie in Finanznöte kamen, denselben ein Privileg nach dem andern bewilligen und den Bauern ein Recht nach dem andern rauben lassen müssen. Am Brandenburger Hof wird also Junker Anton Gelegenheit genug gehabt haben, die Anschauungen seiner Standesgenossen darüber, wie man die Bauern behandeln und ausnützen müsse, kennen zu lernen. Zudem fällt sein Regierungsantritt in die Zeit, da in Deutschland nach dem Bauernkriege jene wüste Reaktion gegen die Bauern eingetreten war, welche eine so furchtbare Verschlechterung ihrer Lage herbeigeführt hat. Und fürwahr Graf „Tönnies" machte während seiner Regierung seinen Lehrmeistern, den Köckeritz und Lüderitz, den Kracht und Itzenplitz, alle Ehre und zog aus dem Verhalten der Grundherren nach dem Bauernkrieg nur zu gut die Nutzanwendung für sich.

Der „neue Herr" begann seine Regierung merkwürdigerweise mit einem Gnadenakte. Den „Ballingen" (Verbannten), welche um 1515 ausser Landes geflohen waren, wurde die Rückkehr in ihren Besitz *„sammt oren gebroderen und kindern"* gestattet. Ja es wurde ihnen versprochen, dass sie, wie es in der betreffenden Urkunde heisst, „*tein negstfolgende jaer sollicher teinde ores egenen landes, als se under oren ploch beslaen und bruken, frig, ledig und unboswert sollen sin.*" Die „Medeballinge", welche von der Not getrieben wieder ins Land gekommen und ihr Eigentum vom vorigen Grafen zu Meierrecht[1]) wieder bekommen hatten, erhielten dasselbe zu freiem Gebrauch, Genuss und Besitz zurück. Man darf nun nicht etwa glauben, dass Graf Anton dies aus freiem Antriebe gethan; im Gegenteil: er hat die Amnestie gezwungen erlassen. Im Vertrage zu Utrecht zwischen Anton I. und Graf Enno von Ostfriesland entsagte letzterer allen Ansprüchen auf Butjadingen und Stadland und bedang sich dafür aus, dass den „Ballingen" volle Indemnität gewährt werde.

So wurden die Bauern denn auch nicht wenig enttäuscht, als diesem Gnadenakte, den sie Antons Grossmut zuschrieben, eine Reihe von Handlungen folgte, welche dazu in direktem Widerspruch standen.

Die Reformation war auch in Oldenburg eingeführt worden, und wie überall die Fürsten, so benutzte auch Anton I. diese

---

[1]) Das Meierrecht, mit dem wir uns in diesen Untersuchungen noch häufig beschäftigen müssen, ist hier, wie aus den verschiedenen Urkunden und Akten hervorgeht, das in der Regel erbliche Recht der Nutzung eines im Eigentum des Grafen stehenden Hofes mit der Verpflichtung zur jährlichen Zahlung einer bestimmten Pachtsumme, der „Heuer"; und zur regelmässigen Leistung gewisser Naturalabgaben und Dienste, deren Mass nicht genau festgesetzt, sondern veränderlich ist, sowie ferner zur Zahlung einer genau bestimmten Summe des „Weinkaufs" beim Uebergang des Hofes aus der einen in die andere Hand, sei es inter vivos oder beim Tode des Besitzers. Die Uebergabe an einen Fremden darf nur mit Konsens des Grafen erfolgen, auch ist in diesem Falle doppelter „Weinkauf" zu zahlen. Der Weinkauf entspricht demnach dem Laudemium.

Das Wort „Weinkauf" hatte verschiedene Bedeutungen. Zunächst versteht man darunter ein Kaufgeschäft, welches die Kontrahenten in der Weise bestärken, dass sie eine Summe Geldes zur Anschaffung von Wein oder Bier aufbringen und dies in Gesellschaft der Zeugen und Urkundspersonen vertrinken (vgl. Holtzendorf, Rechtslexikon). In einer Oldenburger Urkunde von 1481 ist Weinkauf die Geldzahlung für die Freilassung eines Leibeigenen; „*dat wy hebben vryg gelaten unsen vulschuldigen eghenen knecht vor enen mogelichen wynekop*" (vgl. Schiller-Lübben). In unseren Untersuchungen hat Weinkauf immer die Bedeutung von Laudemium.

Gelegenheit und zog sämtliche Klöster im Lande ein. Unter andern nahm er (1530) auch die Johannitergüter Strückhausen, Hahn, Bredehorn, Roddens, Inte und Stick, von denen die drei letzten in Butjadingen lagen, an sich. Die Johanniter wurden später, als sie sich beschwerten, im Jahre 1572 vom Grafen mit geringen Geldsummen abgefunden. Auf den eingezogenen Gütern wurden meist Vorwerke angelegt; nur ein kleiner Teil des Landes wurde an Unterthanen zu Meierrecht ausgethan. Ausser diesen Johannitergütern gab es aber noch andre geistliche Güter. Seit alters her waren in Rüstringen die Kirchen, deren zahlreiche Vikare auch den Schulunterricht besorgten, aus den „Kirchenlehen" unterhalten worden. In den Gemeinden war eine bestimmte Anzahl von Grundstücken, deren Erträge den Kirchen zuflossen, sei es, dass sie von den Pfarrern selbst bewirtschaftet, sei es, dass sie verpachtet wurden. Anderes Gemeinland diente zur Aufbringung der im ganzen Reiche erhobenen Kirchensteuer, sowie zur Deckung der Armenlasten, anderes zur Unterhaltung von Krankenhäusern, wieder anderes endlich zur Aufbringung der Deichkosten.

Alle diese Grundstücke, welche also im Gemeineigentum nicht etwa in geistlichem Besitz standen, wurden vom Grafen eingezogen und entweder „vermeiert" oder mit Vorwerken besetzt.

Wie in andern Ländern, vor allem in England und Ostelbien, die Zeit nach der Säkularisation für den Bauernstand gefährlich war[1]), so bot auch hier die Säkularisation, wenn man das Einziehen der Johannitergüter und des Gemeinlandes so nennen will, den ersten Grund zur bäuerlichen Unfreiheit. Wie die Entwickelung im einzelnen vor sich ging, werden wir weiter unten sehen.

Die Einführung der Reformation bot dem Grafen Anton ferner einen bequemen Vorwand zur Konfiskation der goldenen und silbernen Geräte, mit denen die Kirchen der Landschaft reich ausgestattet waren. Wir haben noch ein Verzeichnis des konfiszierten Kirchengutes (auch der Grundstücke), danach hat er z. B. eingezogen:

---

[1]) Vgl. Lujo Brentano, Warum herrscht in Altbayern bäuerlicher Grundbesitz? Beilage zur „Allgemeinen Zeitung" 1896 Nr. 4, 5 u. 6.

Im Kirchspiel Blexen 3 Vikareien, alles Gold und Silber, nämlich 4 Kelche, 2 silberne Monstranzen, 3 „Koppe" (mit Gold beschlagene Schüsseln), ferner das Blei vom Kirchendach, 3 Glocken, die Orgelpfeifen, 1000 „böhmische Latten", 5 Balken, 3313 Dachsteine, 207 Tonnen Kalk, so dass von der Kirche nichts übrig blieb als ein Teil der Grundmauern, ferner an Land das ganze Blexer Sand und dazu noch die Fähre über die Weser;

im Kirchspiel Langwarden 7 Glocken, von denen eine von den Einwohnern zurückgekauft wurde, 4 Lehen ohne die Pastorei, 5 Kelche, 1 silberne Monstranz, 2 silberbeschlagene Schüsseln, 52 goldene Nägel (je einen Goldflorin wert) und andre Kleinodien. Zu Atens hat er *„alles davon genommen, dass nichts da geblieben"*, und ähnlich hat er in den anderen Kirchspielen verfahren. Einige Kirchen wurden zu Kornhäusern gemacht, andre niedergerissen. Die Steine wurden zum Festungsbau in Delmenhorst und Ovelgönne verwandt. Ja man entblödete sich nicht, Kirchhofsmauern zu demselben Zweck niederzureissen.

Die Folge der Wegnahme der Kirchengüter war, dass bald alle Kirchspiele von Seelsorgern entblösst waren. Damit hörte auch zugleich der Schulunterricht völlig auf. In der nach 1570 erhobenen „Gemeinen Beschwerung" der Unterthanen heisst es u. a.: die Kirchspiele seien *„dermassen geblösset und geschwechet, das sie einsteils ohne predicanten eine zeit lang wüst gestanden, keine sakramente gereicht, die kinder ungetauft blieben und die kranken unbericht verstorben [seien]."* Im ganzen Lande würde keine Schule mehr gehalten; die wenigen „Predikanten", die noch da seien, fänden kaum ihren Lebensunterhalt. Dabei ist kaum anzunehmen, dass die Prediger des Landes sich besonders stark der Einführung der Reformation widersetzt haben; waren doch gerade die, welche zuerst für Luther eintraten und seine Lehre verkündeten, Butjadinger und Stadländer Pastoren [1]).

---

[1]) Edo Boling war Pastor zu Esenshamm, Jolrich Stithard Pastor zu Rodenkirchen. Der wackere Magister Ummius (Umme Ulrich Ilksen) und der Uebersetzer der Bibel ins Niedersächsische waren geborene Stadländer.

Ein andres Verfahren, um Land zu gewinnen, war die Melioration in grossem Massstabe. Die Aussendeichsgroden wurden eingedeicht; zu der Leistung der Deicharbeiten wurden alle Bauern gezwungen; sie erhielten keinerlei Entschädigung, mussten selbst die Geräte stellen und sich selbst beköstigen. Das so gewonnene Land wurde Privateigentum des Grafen. Er hat nicht weniger als 5097 Jück (alten Masses), das sind 2855,84 ha [1]) eindeichen lassen [2]). Auf das neue Land wurden teils Vorwerke gesetzt, teils wurde es zu Meierrecht ausgegeben.

Waren schon vorher die Bauern in grossen Nachteil geraten, als die zur Unterhaltung der Deiche bestimmten Gemeinländereien konfisziert worden waren, so kamen sie jetzt in noch viel grössere Bedrängnisse, da mit der Vermehrung der Deiche die Deichlasten übermässig stiegen, zumal alle dem Grafen gehörenden Ländereien frei von Deichlasten waren. Die Folge war, dass die Deiche nur ungenügend in stand gehalten und mit jedem Jahr schlechter wurden, um so mehr als die „Deichpfänder", das waren die den einzelnen Einwohnern zur Instandhaltung überwiesenen Deichstrecken, sehr ungleich zugeteilt waren und ausserdem den Einwohnern noch immer mehr neue Lasten und Dienste auferlegt wurden, auf die wir weiter unten zu sprechen kommen werden.

Graf Anton machte bei der zunehmenden Verschlechterung der Deiche zunächst keine schlechten Geschäfte. Nicht selten kam es nämlich vor, dass ein am Deiche wohnender Bauer die zu seinem Grundstück gehörende Deichstrecke bei einem drohenden Einbruch des Wassers nicht mehr zu halten vermochte. Er musste in diesem Falle nach altem Rüstringer Recht einen Spaten in den Deich stecken. Die nächsten Freunde, das Kirchspiel oder das Land konnten den Spaten ziehen, indem sie damit die Verpflichtung zur Wiederherstellung der gefährdeten Deichstrecke übernahmen. Dafür fiel dem Wiederhersteller das gefährdet gewesene Land als Eigentum zu. Dieses Spatenrecht wurde nun vom Grafen und seinen

---
[1]) 1 Jück nach altem Mass = 0,5603 ha.
[2]) Die durch Eindeichung gewonnenen Ländereien sind im einzelnen aufgeführt im III. Teil dieser Arbeit.

Beamten mit Vorliebe angewandt, und, je schlechter die Deiche wurden, desto häufiger bot sich dazu die Gelegenheit. Wo nur jemand den Spaten in seinen Deich stecken musste, da waren alsbald die gräflichen Vögte mit ihrer Mannschaft da, um den Deich wiederherzustellen und dann im Namen des Grafen das ganze zu dem Besitz gehörige Land zu okkupieren.

Die Folgen dieses Systems waren schreckliche. Am 1. November 1570 zerstörte eine furchtbare Sturmflut die Deiche und ganz Butjadingen wurde überschwemmt. Tausende von Menschen sollen dabei umgekommen sein, unzähliges Vieh ertrank, und das Land wurde durch das eingedrungene Salzwasser auf Jahre hinaus unfruchtbar gemacht. Die Ueberlebenden hatten viel unter dem nach jeder Ueberschwemmung auftretenden Sumpffieber zu leiden. Graf Anton schätzte den dadurch angerichteten Schaden auf 300 000 fl.[1]).

Die Türkensteuer wurde nach der Einziehung der zu ihrer Aufbringung bestimmten Grundstücke nicht etwa fernerhin aus diesen oder aus der gräflichen Kasse bestritten, sondern den Einwohnern auferlegt. Jeder musste nach dem Umfang seines Grundbesitzes steuern und zwar jährlich pro Jück einen halben Gulden. Diese „Schatzung" bedrückte die Bauern ausserordentlich, zumal die gräflichen Kassen nicht alle umlaufenden Münzen, sondern nur „alte gute Thaler und echte vollwichtige Goldgulden" annehmen wollten, und diese aufzutreiben war in jener Zeit, der Zeit der beginnenden Münzverschlechterung, die bekanntlich am Anfang des 17. Jahrhunderts die deutsche Volkswirtschaft aufs schlimmste schädigte, recht schwer.

Doch es sollte noch weit schlimmer kommen. Mit den angeführten Lasten waren, so drückend sie auch sein mochten, immerhin noch keine allzu argen Beschränkungen der Freiheit des Einzelnen verbunden. Es scheint, dass Graf Anton zunächst seine Unterthanen zu schwächen und auf ein tieferes wirtschaftliches Niveau herabzudrücken bestrebt war, um später desto besser seine grundherrlichen Absichten ausführen und den Bauern das Fell über die Ohren ziehen zu können. Andererseits wusste er auch recht wohl, dass mit den Rüstringern,

---

[1]) Halem II 115.

wenn sie einmal bis zum Aeussersten gebracht waren, nicht zu spassen war; die Geschichte ihrer fast 400jährigen erfolgreichen Kämpfe für ihre Selbständigkeit war in dieser Hinsicht sehr lehrreich. Der Graf musste, wiewohl ihre Kraft gebrochen schien, dennoch stets neuer Aufstände gewärtig sein und hütete sich wohl, durch ein zu plötzliches Anziehen der Schraube die Bauern zur verzweifelten Abwehr zu treiben. Seine Hauptsorge war anfangs mehr die Erhaltung als die zu starke Ausnutzung des Gewonnenen. So datieren denn auch die im Archiv vorhandenen zahlreichen Klageschriften der Butjadinger und Stadländer zum grössten Teil erst aus der zweiten Hälfte des 16. Jahrhunderts.

Aus der alten Deichpflicht aller Einwohner hatte der Landesherr die Verpflichtung zu Deichfronden abgeleitet, und als sich die Bauern daran, wenn auch widerwillig gewöhnt, ging er einen Schritt weiter und forderte ausser den Deichdiensten noch Dienste auf den Vorwerken, die nun zu Fronhöfen wurden. Mit dem Umfang derselben war auch das Bedürfnis nach Kräften zu ihrer Bearbeitung gewachsen. So wurden denn die Bauern zu Frondiensten auf den Vorwerken gezwungen, und schliesslich waren sie, wie es in der Beschwerdeschrift vom 4. August 1567 heisst, *„dagelichs* [täglich] *mit velen swaren und mannigerley borden und lasten . . . . also hoge bemoiet und beswaret . . . . dat wi allesampt it nicht lenger utkamen konen . . . ."* Die Bauern mussten nicht allein alle möglichen Arbeiten auf den Vorwerken verrichten, sie mussten sich dabei auch selbst beköstigen, ihre eigenen Gerätschaften mitbringen und bei Arbeiten in den Vorwerksgebäuden sogar selbst die nötige Beleuchtung stellen [1]).

Dazu kam ferner die von allen recht schwer empfundene Pflicht, im Winter eine Anzahl gräflichen Rindviehes ohne Entschädigung durchzufüttern. Die Vorwerksmeier und Vögte teilten jedem ganz nach ihrem Belieben „herren—bester" zur Ueberwinterung zu, ohne Entschädigung zu gewähren und ohne Rücksicht darauf zu nehmen, ob der betreffende Bauer auch im stande war, neben seinem eigenen Vieh noch fremdes

---

[1]) Vgl. Bremer geschriebene Chronik.

durchzufüttern. Die Milch der aufgestellten Kühe durfte der Bauer nicht etwa selbst verbrauchen, sondern musste sie zu Butter verarbeiten und diese auf dem Vorwerk abliefern. Als später die Zahl der „Herrenbester" wuchs — der Graf liess nämlich bei jeder Gelegenheit den Einwohnern, die nicht rechtzeitig ihre Abgaben und Dienste geleistet hatten, ein oder auch mehrere Stück Vieh pfänden und wegtreiben — mussten die Bauern auch im Sommer auf ihren Weiden gräfliches Vieh dulden, da die Vorwerksweiden, von denen manche unter den Pflug gebracht wurden, bald nicht mehr ausreichten.

Ein weiterer Missbrauch der landesherrlichen Gewalt äusserte sich in den Verordnungen über das „Vorkaufsrecht" des Grafen. Kein Unterthan durfte seine landwirtschaftlichen Erzeugnisse insbesondere das Vieh verkaufen, bevor der Graf sein Vorkaufsrecht geltend gemacht hatte. Die Folge war, dass die Bauern, wenn Gelegenheit zum Verkauf vorhanden war, nicht verkaufen konnten. Die fremden Viehhändler blieben allmählich fort, weil sie keine Geschäfte machen konnten, und der Bauer musste, um überhaupt zu Geld zu kommen, sein Vieh schliesslich um jeden Preis an den Grafen losschlagen. That er es nicht, so fehlte ihm bald das Geld zur Bezahlung der stets wachsenden Schatzungen, und dann wurde ihm das Vieh, welches er nicht hatte verkaufen wollen, einfach gepfändet. So oder so, der Graf konnte es fast stets bekommen.

Doch es sollte noch schlimmer kommen. Durch ein 1542 erlassenes Gesetz wurde verboten, Land zu verkaufen, zu versetzen oder zu verpfänden, und zwar galt dies Verbot für alle Bauern, nicht etwa nur für die Meier. Für diese war ein analoges Verbot schon früher erlassen worden. Wer dagegen handelte, dem wurde das Land konfisziert. Welchen Zweck und welche Folgen hatte diese Massregel? Der Hauptzweck dabei war zunächst die Herabdrückung des Bauern auf ein tieferes wirtschaftliches Niveau, damit er desto leichter in die Hand des Grundherrn kommen und allmählich zum unfreien Meier gemacht werden konnte. Das Trachten des Grafen ging ja in erster Linie nach Vergrösserung seines Privatgrundbesitzes. Die Festsetzung der Unteilbarkeit verhinderte jeden Fortschritt in der Intensität der Bewirtschaftung.

Wenn ein Bauer von seinem zu grossen Grundbesitz etwas veräussern wollte, um das ihm verbleibende Land desto intensiver bewirtschaften zu können, so wurde er durch jenes Gesetz daran gehindert. Hatte er drückende Schulden — schon die Ueberschwemmungen führten ja oft tiefe Verschuldung herbei — und den Wunsch, von seinem Land einen Teil abzutrennen und zu verkaufen, um den übrigen Teil schuldenfrei zu bewirtschaften, so stand ihm auch hier das Gesetz von 1542 entgegen. Wenn er dann immer tiefer in Not geriet, seine Abgaben an den Grafen nicht mehr zahlen konnte, dann kamen die Vögte und pfändeten ihm sein Vieh oder der Graf nahm ihm einfach sein Land, um es ihm zu Meierrecht wiederzugeben. Diesem Fall werden wir in den folgenden Blättern wiederholt begegnen. Es liessen sich noch manche schädliche Folgen der dekretierten Unteilbarkeit des Grundbesitzes anführen; wir wollen uns damit begnügen, nur noch eine, aber die bedeutungsvollste einer kurzen Betrachtung zu unterziehen. Die notwendige Konsequenz der Einführung der Unteilbarkeit war nämlich die Einführung des Anerbenrechtes.

Bei den Meiern, denen ja die Teilung der von ihnen bewirtschafteten Fläche schon früher bei Strafe der „Abmeierung" verboten worden war, hatte der Wunsch des Grafen, die Heuer und das Laudemium aus einer Hand zu bekommen, ebenfalls schon früh zu der Verordnung geführt, dass nur einer der Söhne und zwar, wie später ausdrücklich bestimmt wurde, der am besten qualifizierte, den Meierhof übernehmen solle. Dieses Hofrecht wurde dann später von dem Grundherrn, der ja zugleich Landesherr war, auf das ganze Land ausgedehnt und ging schliesslich, allerdings nicht in so strenger Form, in das Landrecht über. Das Butjadinger Landrecht von 1664 führte nicht etwa das Anerbenrecht erst ein, es fixierte nur die verschiedenen Massregeln der Oldenburger Grafen, welche mit der Festsetzung der Unteilbarkeit des Grundbesitzes begonnen hatten. Das Anerbenrecht ist nicht, wie man den Bauern bei Einführung desselben immer einzureden versuchte, das alte Recht. Wie der Sachsenspiegel kein Anerbenrecht kannte, so erst recht nicht das alte friesische Recht, wenigstens soweit ich es im Rüstringer Recht kenne.

Der Beweis lässt sich aus einer Reihe von Urkunden führen, doch ist hier nicht der Platz dafür. Wenn Brentano[1]) sagt, „das Anerbenrecht ist keine dem spezifisch germanischen Rechtsbewusstsein entsprungene Erbfolge; es ist ein Ausfluss des Unfreiheitsverhältnisses", so können wir ihm für das Land, dessen Wirtschaftsgeschichte wir hier behandeln, voll und ganz zustimmen. Wenn bei der Festlegung des Anerbenrechts in dem Landrecht von 1664 sich kein Widerspruch erhob gegen die Behauptung, dass es das alte friesische Recht sei, so kam das daher, dass es thatsächlich schon mehr als 100 Jahre als „ungeschriebenes Recht" zwangsweise in Geltung war und den Leuten in dieser Zeit unter dem Druck der Unfreiheit das Andenken an das alte Recht zum Teil verloren gegangen war. Dass das neue Recht ihrem Rechtsgefühl widersprach, beweist die wiederholte Auflehnung gegen dasselbe.

Grosse Unzuträglichkeiten veranlasste ferner die Art und Weise der Geltendmachung des Zehentrechtes. Die Bauern durften nämlich ihre Feldfrüchte nicht eher einfahren, als bis sie die Erlaubnis dazu erhielten. Es geschah das, um eine Kontrolle über den Zehnten ausüben zu können. Den Bauern erwuchsen aus diesem Verbot die grössten Nachteile. Bekanntlich können Feldfrüchte nicht zu beliebiger, sondern nur zu ganz bestimmter Zeit eingefahren werden, und man muss vor allem die Witterung dabei berücksichtigen. Statt dessen mussten hier die Bauern warten, bis es den Vögten, welche zudem noch Geschenke („mede und lon") bei Annahme und Quittierung des Zehnten beanspruchten, möglich oder gefällig war, den zehnten Teil der Feldfrüchte abzumessen und die Erlaubnis zum Einfahren zu geben. So kam es, dass die Bauern nicht selten das Korn auf dem Felde vom Unwetter verderben lassen mussten.

Unter solchen Verhältnissen konnten die Unterthanen natürlich nicht wirtschaftlich gedeihen. Das Vorkaufsrecht hatte den Viehhandel, auf den die Leute unbedingt angewiesen waren, fast gänzlich vernichtet; die harten Frondienste auf den Vorwerken und bei den neuen Deichen wuchsen stetig,

---

[1]) Lujo Brentano, Ueber Anerbenrecht und Grundeigentum 41.

so dass die Bauern ihre eigenen Betriebe verkommen lassen mussten; die Bevölkerung verarmte mehr und mehr und wurde immer unfähiger, sich gegen die Gefahr, in völlige Leibeigenschaft zu geraten, zu wehren.

Es ist charakteristisch, dass man anfing, statt der Viehwirtschaft sich mehr dem Körnerbau zuzuwenden. Der Grund dieses Uebergangs ist nicht schwer zu finden. Die rationelle Viehzucht erfordert seitens dessen, der sie betreibt einen hohen Grad von Intelligenz, und er muss sich, um gute Resultate zu erzielen, derselben ungehindert hingeben können. Die vielen Frondienste aber nahmen dem Bauern so viel von seiner Zeit, dass er seinen eigenen Besitz nicht gehörig bewirtschaften, geschweige dem Vieh und den Pferden die unbedingt nötige Pflege und Aufmerksamkeit zuwenden konnte. Das war vor allem bei dem kleineren Besitzer der Fall, weniger bei dem grossen, welcher seinen Grundbesitz mit Hilfe von Gesinde und nicht nur mit Frau und Kindern bewirtschaften konnte. Die Folge waren häufige Misserfolge und endlich eine Verschlechterung in der Qualität der Tiere. Dazu kam noch, dass das Vorkaufsrecht, wie wir gesehen haben, den Verkauf der ohnehin nicht mehr so marktfähigen Ware zeitweise fast unmöglich machte. Endlich fällt noch ein bereits oben angedeuteter Umstand ins Gewicht. Unter dem schweren Druck der Verhältnisse litt auch der Mensch. Die neu aufkommende Generation steht in physischer und in geistiger Beziehung hinter der alten zurück; sie entbehrt, da seit Jahren keine Schule mehr im Lande gehalten wird, des Schulunterrichtes vollständig und erlernt später wegen der fortwährenden „Herrendienste", die ihre natürlichen Lehrer, ihre Väter, und sie selbst verrichten müssen und die meist in schweren Feld- und Erdarbeiten bestehen, den Betrieb der eigenen Wirtschaft, insbesondere die Viehzucht nur unvollkommen, wogegen sie auf den gräflichen Gütern durch die Frouarbeiten mehr mit dem Körnerbau bekannt wird. Die vielen aufgezwungenen Arbeiten für den Grundherrn, welche nur mit Unlust und Widerwillen und daher nicht mit Anwendung des vollen Fleisses ausgeführt werden, tragen dazu bei, dass die Leute faul werden; und es kann nicht ausbleiben, dass diese Trägheit auch auf die eigene

Wirtschaft, die ja doch nicht auf einen grünen Zweig gebracht werden kann, in gewissem Grade übertragen wird.

So kommt es denn, dass unter dem Einfluss der Zunahme der Unfreiheit des Individuums ein allmählicher Uebergang von der Viehzucht zum Körnerbau stattfindet. Allerdings hört die Aenderung ziemlich früh mit der zunehmenden Befreiung des Bauern wieder auf, um sich dann allmählich in eine rückläufige Bewegung zu verwandeln.

Zu der Ausnützung der landesherrlichen Gewalt im Interesse der Grundherrlichkeit kam noch ein furchtbarer Missbrauch der landesherrlichen Gerichtsgewalt. Das alte „Asebuch", das ist das friesische Landrecht, war längst abgeschafft worden; statt dessen wurde von den gräflichen Richtern willkürlich ohne geschriebene Rechte geurteilt und bei den meisten Urteilen hatte der Graf grosse materielle Vorteile [1]). Durch neu

---

[1]) Die Art und Weise, wie die gräflichen Richter zu jener Zeit Recht sprachen, wird treffend illustriert durch folgendes Beispiel, welches v. Halem in seiner „Geschichte des Herzogtums Oldenburg" II 113 anführt: „Graf Anton that unter andern 1565 durch seinen Anwalt Hans von Elverfeld den beeidigten Lehnleuten des Landes Würden Johann Stuhre [Stuven] etc. die Frage und begehrte Erkenntnis darüber erstlich: wenn ein Unterthan zur Beobachtung seiner Herrschaft Interesse vorgeladen würde und er sich dessen weigre, inmittelst aber ein grosser Schade daraus entstehe, wie mit demselben zu verfahren? Das „begehrte" Erkenntnis war: der sey in des Herrn Hand verfallen. Zweyte Frage: was dem zu thun, der seiner Herrschaft Gebot übertritt? — Erkenntnis: Sey in des Landesherrn Hand verfallen. Dritte Frage: wenn Jemand in des Grafen besonderen Pflichten stünde und dennoch Mitwissenschaft eines gegen den Grafen verübten Mutwillens habe und dafür cavire, womit derselbe zu bestrafen? Decisium: wenn keine Gnade zu finden, so wäre derselbe in des Landesherrn Hand verfallen." Der Graf fragte dann noch, wie Eler Jakobs zu bestrafen sei, der einen dem Grafen gehörigen und weggetriebenen Fischerkahn am Strande gefunden und nach dem alten Gewohnheitsrecht, demzufolge die *„guider so im strome driven denjennen, de diesulvigen upfindet und berget van olders her tostendig gewesen . . .",* sich angeeignet, zerschlagen und das Holz verbraucht habe. Das Urteil lautete: Eler Jakobs sei in des Grafen Hand verfallen. Da der Verurteilte inzwischen verstorben war, wurde weiter erkannt, dass die Güter seines Sohnes in des Grafen Hand verfallen seien.

Vgl. hierzu auch Sello, Beiträge zur Geschichte des Landes Würden S. 59, 60, 61, woselbst die bez. Urkunden.

erfundene Winkelzüge und „blinde" Urteile („alle nie funde und blinde ordel") wurden die Leute von dem Ihrigen gejagt, oft ohne überhaupt verhört worden zu sein und ohne dass man ihnen Gelegenheit gegeben hatte, ihre Unschuld zu beweisen. Wir werden weiter unten noch näher auf diesen Punkt zu sprechen kommen und eine Reihe von Fällen des Missbrauchs der richterlichen Gewalt kennen lernen.

Viele Leute ertrugen den schweren Druck, den die Herrschaft auf sie ausübte, nicht; sie flohen ausser Landes, um in fremde Kriegsdienste zu treten, trotz der hohen darauf gesetzten Strafen (Güterkonfiskation). Andre flohen auf das Meer, um als Schiffer ein, wenn auch mühseliges und gefahrvolles, so doch freies Leben zu führen. Ein wahrscheinlich aus dem Jahre 1567 stammendes Aktenstück zählt mehrere Hundert solcher Landflüchtigen auf.

Die Bauern, welche sich nicht auf diese Weise dem Grundherrn entziehen konnten oder wollten, schlugen unter der zunehmenden Bedrückung einen andern Weg zu ihrer Rettung ein. Zur offenen Empörung und gewaltmässigen Abwälzung des grund- und landesherrlichen Jochs waren sie zu sehr geschwächt; ihre Kraft war seit 1515 gebrochen und hatte sich seitdem nicht wieder erholen können. Die jahrelange Not und Bedrückung hatte sie schlaff und mutlos gemacht; die Rüstringer in der zweiten Hälfte des 16. Jahrhunderts waren nicht mehr wie die des 15. Jahrhunderts. Wer hätte es gedacht, dass die ehemals so stolzen und selbstbewussten Rüstringer kaum 50 Jahre nach der Unterwerfung dem Grafen „unterthänig supplicierend" entgegentreten würden.

Am 4. August 1567 versammelte sich eine Anzahl von Bauern [1] am Mitteldeich bei Hardel [?]. Dort berieten sie

---

[1] Zwei im Oldenburger Haus- und Zentralarchiv befindliche Verzeichnisse nennen als Führer der 1567er Bewegung wörtlich folgende:

Tidde Heyesen up dem Moerser sande heft sie die gesanten mit gelde versorget und ist die principal.

Umme tom Kolenwerve heft geldstreckong gedan und wes darto geschenket. Honrich to Mundahn, Egge Iddesen, Ike Herings, Hedde to Langwarden, Wither Kleversen to Fedderwarden, Garlich Hicksen, Hering Boykel to Teddensen Meynerds dochterman, Etzel to

darüber, wie sie sich Linderung ihrer Not verschaffen könnten und beschlossen, eine Bittschrift an den Grafen abzusenden. Da sie keinen Geistlichen („papen") zur Niederschrift bekommen konnten, machten sich zwei Bauern an die Anfertigung der Bittschrift und fassten in acht Punkten die bereits erörterten Missstände zusammen.

In der Einleitung verwahren sie sich ausdrücklich gegen den Verdacht des Aufruhrs; die ganze Bittschrift ist sehr massvoll, ja demütig gehalten.

Und die Antwort des Grafen? Sie sucht mit vielen Worten alle Beschwerungen zu rechtfertigen und verspricht nur in einigen Kleinigkeiten Besserung. Sollte man es nicht für Hohn halten, wenn der Graf verwundert thut, dass die Leute sich über die harten Frondienste bei den Vorwerken beklagen und antwortet, er hätte geglaubt, dass seine lieben Getreuen eine besondere Freude an den Vorwerken und kein Missfallen finden würden, und er wünschte nur, sie hätten alle so stattliche wohl vermögliche Güter. Im Verlauf des Antwortschreibens hebt er mehrmals seine Stellung als Herrscher hervor und ermahnt sie am Schluss, indem er sie vor weiteren Versammlungen eindringlich und mit scharfen Worten warnt, seiner „von Gott verordneten Obrigkeit" gebührlichen, unterthänigen Gehorsam zu leisten.

Eine solche abweisende Antwort auf ihre Bittschrift hatten die Bauern nicht erwartet. Statt der erhofften Verbesserung ihrer Lage trat nunmehr eine Verschlimmerung ein, indem die

---

Blexen, Bolke Stadlander, Elke Hérssen tor Borg, Rolef Itzen der meigerschen sohn, Evert Idehaxen, Didde Hamessen to Ruwarden de S. Gn. die meiste wedderwort gegeven, Halle to Elliwurden, die rechte principal und heft eine copie orer clage bi sick, Dode Hayessen und schollen bedacht sin, twe wedder an den herzog uttomaken.

Disse vorbenannten schollen sin die principaln der Butjaderschen uprorer.

In Nanken Sibbessen huse shall die rait erstlick geschloten sin. Bolke Stadlander, Thie Jemmings im Waddenser kerspel, Rolef Itzen der meigerschen to Innete sohn, Thie Hoyeschen, Umme Tyarssen, Egge Iddessen, Hedde to Dueke, Meinardus die blinde heft sick bi den hupen foren laton."

Vögte sorgfältig darauf achteten, dass keine Versammlungen mehr stattfanden, und vor allem die Führer der Bewegung im Auge behielten. Die Erbitterung der Einwohner äussert sich zunächst darin, dass einzelne sich weigern, ihrer Deichpflicht zu genügen. Andere, denen befohlen worden ist, bei der Festung Delmenhorst Schanzarbeiten zu leisten, kommen nicht, wieder andere erscheinen nicht, als sie graben müssen (in dem Verzeichnis der Namen dieser „Aufrührer" steht merkwürdigerweise gleich bei jedem vermerkt, wieviel Grundbesitz er hat), und als der Ovelgönner Amtsschreiber Johann Golzwarden sich in die Vogteien Eckwarden und Langwarden begibt, um die Türkensteuer und andere Abgaben einzutreiben, bekommt er nicht einen einzigen Thaler.

Inzwischen ist das Gerücht von dem Aufruhr, wenn man die Bewegung so nennen kann, dem Oberlehnsherrn des Oldenburger Grafen über einen Teil von Butjadingen und Stadland, Herzog Julius von Braunschweig, zu Ohren gekommen, und Anton I. sieht sich genötigt, diesem Bericht zu erstatten. Die Antwort des Braunschweigers fällt für den Oldenburger ziemlich günstig aus; er billigt die Erwiderung des Grafen auf die Bittschrift und bittet ihn nur, die „peinliche Halsgerichtsordnung" zu publizieren. Die Gerichtsordnung Antons I. scheint ihm demnach auch nicht ganz geheuer vorgekommen zu sein. Ausserdem trägt er ihm auf, die Friesen auf den 29. Dezember nach Ovelgönne zu berufen, sie dort gehörig zu ermahnen und nötigenfalls durch Drohungen einzuschüchtern.

Die Stellung des Braunschweigers ändert sich jedoch, nachdem einige angesehene Butjadinger Bauern bei ihm in Wolfenbüttel gewesen sind, ihm ihre Not geschildert und eine Kopie ihrer Bittschrift überreicht haben. Durch sie hat er auch erfahren, wie Anton I. die landesherrliche Gerichtsgewalt missbraucht hatte, um seinen Grundbesitz zu vermehren, mit welcher Brutalität er Bauern wegen geringer Vergehen von ihrem Eigentum gejagt hatte. Von nun an tritt er mehr auf die Seite der Bauern und nimmt damit die Stellung zu Graf Anton I. ein, welche damals fast überall die grösseren Landesherren den Grundherren gegenüber einzunehmen pflegen. Für ihn mochte übrigens auch der Wunsch bestimmend sein, den

Oldenburger, der sich schon von seiner Lehnspflicht zu emanzipieren begann, einmal die Oberlehnsherrlichkeit über einen Teil von Butjadingen und Stadland fühlen zu lassen. Zu den Zeiten des letzten Oldenburger Grafen, Anton Günther, führte bekanntlich diese Lehnsfrage zu grossen politischen Verwickelungen.

Der Termin der „Tagleistung" zu Ovelgönne wurde endgültig festgesetzt auf den 22. Januar 1568. Die Bauern trauten jedoch Graf Anton nicht, und der Braunschweiger musste ihnen erst freies Geleit versprechen, bevor sie die „Tagleistung" beschickten. Als Vertreter des Herzogs waren anwesend die Räte Georg von Holle, Dr. jur. Adrian von Steinberg und Dr. jur. Ludolf Halner. Die Klagen der Butjadinger umfassten im wesentlichen die in der Bittschrift von 1567 aufgestellten acht Punkte. Ausserdem lag noch gegen Graf Anton eine Menge Privatklagen von Bauern, denen er ihr Eigentum konfisziert hatte, vor. Durch die Vermittelung der braunschweigischen Räte kam es nun zu einem Vergleich, in welchem der Graf verschiedene, wenn auch nicht sehr weitgehende Zugeständnisse machen musste. So versprach er zur Besserung der kirchlichen Verhältnisse bis Jakobi eine „ordentliche Visitation" vornehmen zu lassen. Bis Trinitatis solle ein „ordentlich Gericht" mit *tueglichen, verstendigen und aufrichtigen leuten* als Richtern eingesetzt werden, die nach „geschriebenem kaiserlichem Recht" unparteiisch und ohne viel Zeitaufwand urteilen sollen. Die „peinlichen Gerichte" sollen fortan nach „kaiserlichem Malefizrecht" gehalten und die Angeklagten, ohne lange in Untersuchungshaft sitzen zu müssen, abgeurteilt werden. Das „Asebuch" wird abgeschafft; dagegen soll nicht verboten sein, alten Gebräuchen zu folgen, sofern sie dem gültigen Recht nicht zuwider sind.

Was die Ueberbürdung mit Frondiensten betrifft, so wird bestimmt, dass die Verpflichtung der Bauern, zu dreschen und den Mist aus den herrschaftlichen Ställen zu tragen, fortfallen soll, sofern sie die andern Dienste, mit denen alle gleich und keiner mehr als der andere belastet werden sollen, willig leisten. Auch dürfen die gräflichen Meier und Vögte die „Herrendienstleute", das sind die Frondienstpflichtigen, und deren Dienstboten bei der Arbeit nicht mehr ohne Ursache mit „Schmiere" und Schlägen traktieren.

Gespanndienste sollen durch mündige Leute rechtzeitig angesagt werden. Die gräflichen Beamten sollen Strafen und Bussgelder genau nach den „Poenalgeboten" erheben und keine Ungleichheit vorkommen lassen. Die ungemessene Fütterungspflicht für das gräfliche Vieh wird in eine gemessene verwandelt, indem bestimmt wird, dass fortan auf je 40 Jück Land ein Stück Vieh zur Ausfütterung gegeben wird. Bezüglich der Türkensteuer bleibt es beim alten, doch soll ein Normalsatz festgestellt und keiner höher als der andere beschwert werden. Was den Zehnten anbetrifft, so soll sich der Zehntknecht, wenn das Korn in Hocken steht, zur rechten Zeit einstellen, um mit den Bauern über die Menge des zu „dingenden" Getreides zu verhandeln. Das Vorkaufsrecht des Grafen wird insofern beschränkt, als er sich desselben fortan jährlich nur vier Wochen lang und zwar im Monat März bedienen darf; ausserhalb dieser Zeit soll es jedem freistehen, seine landwirtschaftlichen Produkte an Einheimische oder auch an Fremde, denen Sicherheit zugesagt wird, zu verkaufen. Ueber die Teilbarkeit der Güter wird festgesetzt, dass die Unterthanen, welche bona emphyteutica haben, das heisst dem Grafen Erb- und andern Zins geben müssen, ohne Konsens nichts veräussern dürfen. Diejenigen dagegen, welche „eigenthümliche Erbgüter" besitzen, können dieselben oder Teile davon verkaufen, müssen aber, wenn der Käufer ein „Wildfremder" ist, das heisst nicht zur Blutsverwandtschaft oder Freundschaft gehört, den Grafen um sein Siegel ad fidem in testimoniam contractus ersuchen, welches ohne erhebliche Ursache nicht verweigert werden soll. Ferner wurde gleiche Austeilung der Deichpfänder versprochen. Das Gesuch der gräflichen Meier um Linderung des auf zwei Thaler pro Jück festgesetzten Weinkaufs wird abschlägig beschieden. Es wird im Vergleich denjenigen, die sich dadurch beschwert fühlen, freigestellt, gegen Erlegung einer Entschädigungssumme an den Grafen das betreffende Gut zu verlassen. Den Meiern wird bei Strafe der Abmeierung verboten, sich nochmals gegen die Heuer aufzulehnen. Was endlich die eingebrachten Privatklagen derjenigen betrifft, die „*mit urtheile in des herrn grafen hand mit haab und guettern erkandt einstheils, sonsten aber ihro Gnaden zur strafe fellig wurden*", so wurde bestimmt, dass, wer sein Gut wiederhaben wolle, an einem festgesetzten Tage dem Grafen eine Aussöhnungssumme („ledigzahlung") geben müsse. Die Höhe der Summe solle durch gütliches Uebereinkommen oder auf rechtlichem Wege bestimmt werden.

Das waren die Bestimmungen des Ovelgönner Vergleichs; damit aber — und nun kommt der Pferdefuss zum Vorschein — „*I. Gn. dieses itzigen verlaufs und dan [?] solchs alles desto eher zu vergessen*" und als Entschädigung für die Kirchenvisitation müssen die Bauern sich verpflichten, an den Grafen 1000 Thaler in zwei Raten zu zahlen.

Dieser günstige Ausgang der Unterhandlung erregte begreiflicherweise bei den Butjadingern und Stadländern grosse Freude. Sie schickten überglückliche Dankesbriefe an alle, die ihnen geholfen, vor allem an den Herzog von Braunschweig (Heinrich den Jüngeren). Allmählich aber kamen sie zu der Einsicht, dass ihre Freude zum mindesten verfrüht war. Sie hatten willig zur rechten Zeit die erste Rate der ausgemachten Versöhnungssumme mit 500 Thalern bezahlt, der Graf hatte sie noch williger eingestrichen, im übrigen aber blieb alles, wie es vorher gewesen war; von den Bestimmungen des Ovelgönner Vergleichs wurde auch nicht eine einzige ausgeführt.

Als die Bauern zu der Erkenntnis kamen, dass sie betrogen waren, gerieten sie in die grösste Erbitterung. Bald kamen von allen Seiten Klagen der Beamten an den Grafen, dass die Bauern die Frondienste nur sehr unwillig ausführten oder gar sich weigerten, sie zu leisten. Ein Vogt war sogar mit Heuforken bedroht worden.

Johann Golzwarden, der Amtsschreiber, meldet von heimlichen Versammlungen zu nachtschlafender Zeit, kann aber nichts näheres erfahren. Die Vögte setzen die höchsten Strafen bis zu 500 Goldgulden auf Verweigerung des Gehorsams; nur wenige leisten Folge. Der Erfolg dieser und anderer Repressalien war der, dass viele Bauern, vor allem die am meisten bedrohten Führer der Bewegung, ausser Landes flohen.

Die Abbehauser haben dem ihnen von dem Grafen zuerteilten Prediger Nikolaus Tiling, einem liederlichen Subjekte, die Kirche verschlossen. Im November weiss Golzwarden zu berichten, dass die Bauern sich mit dem Anwalt Andreas Kruse, Hofrichter in Pattensen, in Verbindung gesetzt haben, und im Dezember meldet er, dass drei Bauern wieder nach Wolfenbüttel zum Herzog gewesen sind. In der That haben sie dort eine Klageschrift überreicht, die ausser den genannten Punkten noch einige neue enthält, deren eine besonders die Brutalität erwähnt, mit der der Graf unschuldige Leute ohne alles Recht von dem Ihrigen jagen lässt.

Im April des nächsten Jahres ermahnt der Braunschweiger den Grafen Anton, alle Artikel des Ovelgönner Vergleichs endlich zu erfüllen, und als das nichts fruchtet, setzt er neue Verhandlungen auf den 24. Oktober 1569 fest. Er fordert dabei den Grafen auf, seinen Vögten inzwischen alle Uebergriffe gegen „die armen Leute" zu verbieten. In einem Antwortschreiben verwahrt Graf Anton sich gegen die Vorwürfe, und am 8. Oktober behauptet sein Gesandter in einer Unterredung mit dem braunschweigischen Kanzler, der Graf sei durch den Ungehorsam der Butjadinger an der Ausführung der Bestimmungen verhindert worden, worauf der Kanzler entgegnete, die Bauern hätten ihre Verpflichtungen erfüllt, aber der Graf habe ihnen noch viele, dem Vertrag zuwiderlaufende Beschwerungen auferlegt, insbesondere sei ihnen die Türkensteuer zu hoch berechnet worden.

Inzwischen haben die Bauern in aller Heimlichkeit fortgesetzt an der Besserung ihrer Lage gearbeitet. Bei Gelegenheit der Aufbringung der zweiten Rate der 1000 Thaler haben sie gleichzeitig noch von jedem Jück 6 Schwaren erhoben, um Geld für den Anwalt Andreas Kruse zu bekommen. Auf dessen Verwendung hat das Land, um als handlungsfähiges Rechtsobjekt gelten zu können, sich vom comes palatinus Johannes Knochenhauer zu Northeim ein Landessiegel[1]) und Wappen geben lassen. Als Anton I. davon hört, gerät er in grosse

---

[1]) Das Bild des Siegels zeigt Christus, in der einen Hand einen Reichsapfel mit Kreuz, mit der andern einen nach unten gerichteten Anker tragend.

Aufregung und beeilt sich, beim Kaiser Protest dagegen einzulegen. Dabei weiss er so viele Gründe vorzubringen, dass den Bauern denn auch die Bestätigung des Siegels versagt wird.

Die Abhaltung des neuen Verhandlungstages verzögert sich anfangs dadurch, dass der Herzog von Braunschweig verhindert ist, und dann kommt jene furchtbare Sturmflut, die „Allerheiligenflut" dazwischen, welche so viel Unheil und Schaden anrichtet, dass die Klagen über den Grundherrn für einige Zeit verstummen.

Endlich wird auf den 6. Februar 1571 ein Unterhandlungstermin und zwar diesmal in Wolfenbüttel angesetzt. Durch das in den Vorerhebungen gewonnene Material erhalten wir auch hier eine deutliche Vorstellung von den herrschenden Uebelständen. Vor allem war es wieder der immer ärger werdende Missbrauch der Gerichtsgewalt durch den Grafen, der die Bauern zu Klagen veranlasste. Nicht allein in Kriminal-, sondern auch in Zivilsachen wurden die Leute zur Untersuchung nicht selten jahrelang ins Gefängnis geworfen, oder es wurden ihnen „Einlager", das sind Exekutionsmannschaften, ins Haus gelegt, so dass viele zu *„unverwindlichen nachteil und schaden ihres leibs und guttes gerhaten"*. Weil die Richter *„ihres gnedigen herrn praesentiren, I. Gn. mit pflicht und aiden verwant sein und derowegen des gerichtes, da wolgedachter graff selbst beclagt, davor geachtet als das I. Gn. zugleich des geklagten und richters statt vertreten, so gebuhret denselben nicht, in den sachen, wo ihren herrn angehen zuerkennen, die beschwerte unterthanen seindt auch nicht schuldig, sich ihrer cognition zu submittieren"*. Sie bitten, dass das Gericht aus „*tuglichen und unverdechtigen richtspersonen*" gebildet werde. Ferner klagen die Einwohner, dass ausser dem Zehnten bereits der „dritte Hocken" gefordert werde. Es scheint dies jedoch damals nur an einer Stelle, nämlich bei den Hayenschlooter Meiern geschehen zu sein. Später wurde auch anderswo neben dem Zehnten noch der Dritte gefordert.

Der Wolfenbütteler Abschied wiederholte im allgemeinen die Ovelgönner Bestimmungen. Zu den Gerichten sollen fortan *„vier gute tugliche personen nach altem gebrauch aus dem* *mittel beider lande durch die landschaft"* genommen werden. Sie sollen hinfort nicht nur dem gräflichen Hause, sondern auch der Landschaft eidlich verpflichtet werden; die Form des Eides wird genau festgesetzt.

Bezüglich der von den Meiern erbetenen Linderung des Weinkaufs und der Heuer wird dem Grafen nahe gelegt, er solle in jenen überaus schweren Zeiten, in welchen die Deiche zerrissen und viele Menschen Gut und Leben verloren, doch *"aus christlichem gemüte und beiwonendem hohen verstande selber die billigkeit bei sich erwegen und die arme meyerunderthanen nicht gar durch übermässigen zins oder dienste ausmerglen, damit sie sambt und sunder nach dem alten sprichworte bei brot bleiben, auch sambt iren armen weib und kindern ires sauren ackerbauens geniesslich empfinden, irer zerrissenen häusser und ander gebewe, die verflossene teichdemme, ... desto bas erbauen mugen".*

Die übrigen Punkte werden meist analog dem Ovelgönner Vergleich festgesetzt. Zur Erledigung der 46 eingereichten Privatbeschwerungen will der Braunschweiger drei von seinen Räten nach Oldenburg schicken, welche mit drei vom Grafen einzusetzenden Räten eine Verständigung auf gütlichem Wege herbeizuführen versuchen sollen. Ferner wird, was sehr charakteristisch ist, den Bauern, welche beim Herzog Klage geführt haben, ausdrücklich zugesichert, dass der Graf sie deswegen nicht bestrafen oder benachteiligen darf. Die landflüchtigen Führer dürfen wieder ihr Eigentum in Besitz nehmen, und auch bezüglich der Untersuchungshaft werden Besserungen bestimmt. Endlich wird der Graf noch ernstlich ermahnt, niemand ungehört und ohne Urteil mit Gewalt, Gefängnis, Einlager, Verjagen und Güterkonfiskation zu beschweren.

Dieser "Wolfenbütteler Abschied" kam dem Grafen nun sehr ungelegen. Empörte sich gegen die Einmischung des Braunschweigers ohnehin sein ritterlicher Stolz, so waren mit der Erfüllung der in dem Abschied gestellten Forderungen auch ganz beträchtliche materielle Nachteile für ihn verknüpft. Nicht allein, dass er Lasten und Dienste reduzieren und dass er unparteiische Gerichte einsetzen musste, er sollte auch Güter, in deren sicheren Besitz er sich längst wähnte, an die rechtmässigen Eigentümer zurückgeben. Das war eine Schmälerung seiner vermeintlichen Rechte und seines Vermögens, die Anton I. sich nicht gefallen lassen wollte, und so legte er schon wenige Tage, nachdem er eine Abschrift des Abschieds nebst einem Begleitschreiben des Herzogs Julius erhalten hatte, in welchem ihn jener bittet, er möge sich die beigelegten Exemplare der braunschweigischen Kirchen- und Hofgerichtsordnung sowie der peinlichen Halsgerichtsordnung zum Muster nehmen, energisch Protest gegen den Abschied ein.

Wie schon seine Vertreter vor Eintritt in die Wolfenbütteler Verhandlungen das Recht des Herzogs, der doch nur Oberlehnsherr über das Stadland und ein Drittel Butjadingens sei, bestritten hatten, so auch der Graf. Der Aufruhr sei von einigen unruhigen Köpfen angestiftet, behauptet er, der Ausschuss nicht die Vertretung der Einwohner, sondern die einer kleinen Minderheit von Unzufriedenen. Den Abschied will er nur anerkennen, soweit er nicht dem Vergleich von 1568 zuwider ist.

Als sein Protest nichts nützt, strengt er gegen seinen Oberlehnsherrn einen Prozess an. Er scheint seiner Sache aber nicht recht sicher gewesen zu sein, denn er betrieb ihn nur lässig und scheint ihn einschlafen gelassen zu haben, nachdem zwei Arnstädter Gerichtsräte ihm den guten Rat gegeben, er solle das Prozessieren bleiben lassen, weil er nach Lage der Dinge unzweifelhaft verlieren würde.

Anders ging es mit den schon mehrfach erwähnten Privatklagen von Butjadingern gegen den Grafen. Wir können uns eine genauere Betrachtung derselben nicht versagen, denn sie vervollständigen das Bild von der Art und Weise des Erwerbs von Grundeigentum durch Graf Anton I. ausserordentlich. Die Archivalien, aus denen wir die Klagen kennen lernen, stammen zumeist aus den Verhandlungen der auf Veranlassung des Herzogs von Braunschweig eingesetzten Sechserkommission; die Urteile des Landgerichts in Ovelgönne, die wir zunächst einer Betrachtung unterziehen wollen, lernen wir aus Protokollen dieses Landgerichts kennen. Diese letzteren zeigen, wie nötig die im Wolfenbütteler Abschied geforderte Aenderung in der Rechtspflege war. Aus den aus den Jahren 1560,

1565 und 1567 stammenden Urteilen wollen wir einige charakteristische Fälle hervorheben:

Zwei Einwohner haben sich geprügelt und damit ein Gebot des Grafen übertreten. Urteil: Einziehung der Güter.

Garlich Ipping, sowie noch viele andre, haben gegen des Grafen Gebot das Land verlassen. Urteil bei allen: Einziehung der Güter.

Ein Bauer wird beschuldigt, aus der Kirche zu Blexen ein goldenes Kreuz gestohlen zu haben. Urteil: Der Graf kann die Güter des Beschuldigten [aber nicht Ueberführten] in Besitz nehmen, bis das Kreuz wieder da ist. Der Graf hat dann dem Sohn des Beklagten die eingezogenen Güter zu Meierrecht gegeben.

Ein Schafdieb wird bestraft, indem ihm seine Güter konfisziert und nachher zu Meierrecht wiedergegeben werden.

In vielen anderen Fällen, Privatstreitigkeiten, Schlägereien und dergleichen, wird ebenfalls erkannt „dem Grafen verfallen". Viele werden wegen geringfügiger Vergehen zu unerschwinglich hohen Geldstrafen, bis zu 300 Goldgulden, verurteilt. Eine bei den Richtern sehr beliebte runde Summe, die in den Urteilen immer wiederkehrt, ist „100 Mark". Schwere Verbrechen werden nicht anders bestraft. Nicht selten beeilen sich Verbrecher, dem Grafen ihre Güter anzubieten, um sie dann zu Meierrecht wieder zu empfangen, im übrigen bleibt dann die Sache selbst ungesühnt. Wir gewinnen aus den Urteilen den Eindruck, dass das Landgericht nur eine Art der Strafe kannte, nämlich die, welche der Herrschaft am meisten an Geld oder Geldeswert einbrachte. Mochte jemand ein Verbrechen begangen haben, er wurde nur an seinem Vermögen gestraft. War er aber ein armer Teufel, so liess man ihn lieber laufen, als dass man sich noch Mühe und Kosten machte.

Eine noch deutlichere Vorstellung von der Gewaltherrschaft bekommen wir durch das Studium der umfangreichen Akten über die Privatklagen von Butjadingern und Stadländern gegen den Grafen. Auch hier aus der Menge der Fälle einige besonders charakteristische Beispiele:

Ein Einwohner des Kirchspiels Blexen hat von seinem Grundbesitz für 60 Thlr. versetzt zur Bezahlung dessen, was er dem Grafen schuldig ist. Graf Anton I. hat daraufhin seine Güter konfisziert.

Der Mann der Ww. Elckes-Blexen ist ausser Landes gegangen und als Kriegsknecht gestorben. Als der Graf davon gehört hat, er die Frau sowohl aus ihren Gütern (33 Jück) als auch aus ihres Mannes Besitz (150 Jück) jagen lassen und das ganze Land mit Haus und Hof und allen beweglichen Gütern eingezogen.

Haie Frerichs zu Burhave hat ein Mädchen beschlafen, es nachher aber geheiratet. Darauf ist er ins Gefängnis gesteckt worden, und man hat ihm erklärt, dass seine und seiner Frau Güter verwirkt wären, und dass er ausserdem noch 200 Thlr. Strafe an den Grafen zahlen müsse. Seine 91 Jück hat er zu Meierrecht wieder übernehmen können.

Lubbeke Mengers ist um 1561 des Mordes beschuldigt worden, und trotzdem er Beweise für seine Unschuld beigebracht, sind seine Güter eingezogen worden. Als später durch das Geständnis eines andern seine Unschuld an den Tag gekommen ist, ist sein Eigentum doch zurückbehalten worden unter dem Vorwande, sein Vater habe vor etwa 20 Jahren ein Stück Land um einen Pfandschilling erworben. Dabei wurde er verurteilt, sein Eigentum zu Meierrecht wieder anzunehmen.

Der Eckwarder Nancksen ist beschuldigt worden, sich an dem Gute, was ihm als Erbteil zugefallen, aber noch nicht gerichtlich bestätigt war, vergriffen zu haben. Obgleich er seine Unschuld behauptet hat, ist ihm sein Hab und Gut, ohne dass eine Untersuchung stattgefunden, genommen und vom Grafen zu Meierrecht wiedergegeben worden, und zwar muss er für seine 39 Jück jährlich 24 Thlr. Heuer zahlen.

Meinhardt Biethebier in Eckwarden hat um Freilassung seiner in Ovelgönne wegen Diebstahls im Gefängnis sitzenden Tochter nachgesucht. Da ist ihm gesagt worden, wenn er nicht die nötigen Bedingungen erfülle, könne seine Tochter sitzen, bis sie umkäme. Dann hat er die Bedingungen erfüllt, nämlich 160 Thlr. an den Grafen bezahlt, seine 30 Jück quittiert und zu Meierrecht wieder angenommen.

Poppe Egessens Bruder in Eckwarden ist unter der Beschuldigung, einen Totschlag begangen zu haben, gefangen gesetzt worden. Trotzdem er sich erboten, seine Unschuld zu beweisen, ja trotzdem der wirkliche Thäter sich freiwillig gemeldet, hat man ihn im Kerker behalten, bis er den Verstand verloren hat. Dann hat aber Graf Anton seinen Besitz noch nicht eingezogen, sondern den Kläger (Poppe Egessen) beauftragt, das Eigentum des Bruders in Verwahrung zu nehmen. Nachher hat er dann unter nichtigem Vorwand beider Güter eingezogen und dem Kläger zu Meierrecht angeboten.

Mangett Rolecksen in Waddens hat seinen Schwager, einen schwedischen Lanzknecht, zu Besuch gehabt und damit gegen ein kaiserliches Mandat verstossen. Er ist deshalb gefangen genommen und durch die Drohung, er würde mit dem Tode bestraft werden, veranlasst worden, seine eingezogenen Güter zu Meierrecht anzunehmen.

In zwei Fällen hat in Erbschaftsstreitigkeiten der im Unrecht befindliche Teil das Streitobjekt dem Grafen angeboten, um es von ihm wieder zu Meierrecht zu empfangen.

Ricklef Leversen hat von seinem Vater 24 Jück, im Blexer Kirchspiel gelegen, geerbt *„und ob ehr wol dieselbigen durch keinerlei ursache verwirket"*, so hat der Graf ihn doch gezwungen, jenes Land an ihn abzutreten und wieder zu Meierrecht anzunehmen.

Campe Lubbers erklärt, dass ihm der vierte Teil an der Windmühle zu Schockum (Gem. Blexen) gehöre. Diese Mühle hätte Graf Anton, *„ohne einighe fuegh und ursache"* eingezogen und den Kläger mit Gewalt davon vertrieben.

Ide Heringsen hat der Graf vier Jahre nach seines (des Klägers) Vaters Tod 34 Jück Landes *„tedtlicher weise ohne vorgehende rechtliche erkandtnuss"* genommen und den Kläger gezwungen, dieselben zu Meierrecht wieder anzunehmen. (Heuer 31 $^{1}/_{2}$ Thlr.)

Von ganz besonderem Interesse sind die Klagen Harke Hitzens, Simon Butjenters und Durens von der Heete, die wir deshalb auch etwas ausführlicher behandeln wollen.

Harke Hitzen und seine Voreltern haben ein Gut, die Butterburg genannt, in Rüstringen als ihr freies Erbe und Eigentum besessen. Im Jahre 1546 hat der Graf ihm anzeigen lassen, dass vor langen Jahren (im Protokoll steht 50—60 Jahre) die Grossmutter Harke Hitzens dem Grafen eine Schenkung von Land bei Hartwarden gemacht habe. Hitzen hat von einer solchen Schenkung nichts gewusst, der Graf keine Beweise dafür gehabt; man hat Unterhandlungen gepflogen, die damit endeten, dass Hitzen Anton I. 100 Thlr. gab, wofür man ihm Befreiung vom Hofdienst versprach. Wenige Tage darauf aber hat der Graf dem Kläger seinen ganzen Hof zu Hartwarden mit allem Vieh und Hausgerät genommen und einen „eigen Meyer" hingesetzt. Harke Hitzen ist dann auf die Butterburg gezogen. Bald hat ihm der Graf verboten, sein Vieh zu verkaufen, und hat gleichzeitig das Getreide, welches sich auf der Butterburg befand, beschlagnahmen und nach Ovelgönne schaffen lassen. Ferner ist ihm untersagt worden, das Heu auf seinem Lande zu ernten; dasselbe ist 6 Jahre nacheinander liegen geblieben und verdorben. Als Harke Hitzen die Klage gegen Graf Anton I. angestrengt hat, ist er gefangen genommen und ohne Verhör 2½ Jahre im Kerker behalten und derart behandelt worden, dass er erblindet ist. Dann hat man ihn laufen lassen, und er hat sich auf der Butterburg aufgehalten, bis er von dort vertrieben worden ist. Der Graf hat das Haus und das Land des Klägers mit allem, was dazu gehörte, mit allem Vorrat und dem ganzen Viehstand: als 24 Pferde, 91 Stück Rindvieh, 20 fette und magere Schweine, mehrere Schafe, 200 Gänse und anderes Federvieh, desgleichen alles Hof- und Hausgerät, „nichts ausbeschieden" und endlich noch für 200 Thlr. Bauholz eingezogen. Der jährlich von seinen Pächtern einlaufende Zins ist dem Kläger vorenthalten worden. Er klagt auf Rückerstattung und Schadenersatz.

Der Fall Simon Butjenter gegen Anton I. Lange Eilerd Umsen in Stollhamm hat sich vor Zeiten mit einer „Jungfrau von Adel", Margarete Fikensolt, und nach dem Tod derselben mit des ehemaligen Landdrosten zu Ovelgönne Siverth Bruggemann Witwe verheiratet. Aus erster Ehe stammt eine Tochter Margarete. Im Jahre 1564 ist Umsen, der stets seinen Pflichten gegen den Grafen nachgekommen ist, gestorben. Sein in Stollhamm belegener Besitz, 116 Jück Land und eine stattliche Menge von Vieh und Pferden ist der mit Simon Butjenter verheirateten Tochter zugefallen. Zwischen ihr und der Witwe des Verstorbenen ist ein Erbschaftsstreit ausgebrochen. Als man noch friedlich unterhandelte, hat plötzlich der Graf den Parteien gebieten lassen, von der Unterhandlung abzustehen. Dem Befehl wurde Folge geleistet. Darauf hat im Jahre 1565 der Graf das ganze Gut, welches etwa 6000 Thlr. wert war, mit allem Zubehör eingezogen und dem Kläger, Simon Butjenter, nur das Haus gelassen. Alle Gesuche und Bitten hatten nur den Erfolg, dass der Graf dem Kläger gegen jährliche Pacht 50 Jück anwies.

Duren von der Heete wird vom Grafen beschuldigt, sich 3 Jück Land, die zur Abbehauser Pfarrei gehörten, angeeignet zu haben. Duren bestreitet das und behauptet, sein Vater habe die bei seinem Gute gelegenen 3 Jück gegen ein weit entferntes Stück eingetauscht. Wir wollen nun Duren selbst den Hergang erzählen lassen, indem wir einen Teil eines Aktenstückes[1]) von 1567 wiedergeben. Er erzählt darin, wie er den Grafen gebeten habe, ihm Zeit und Gelegenheit zum Beweise seiner Unschuld zu geben, und fährt dann fort: *„Also dessen allen ungeachtet hat wolgedachter mein gnediger herr alsbaldt vier wagen vol seiner rethe, diener und underthanen nach meinem hause geschicket und allda die schlüssel zu allen kasten fordern und etzliche aufschliessen, etzliche aber, zue welchen sie alsbaldt die schlüssel nicht finden können aufhauen und alles was darin ahm barschaft, kleidern, briefen und siegel (die nicht alle mein, sondern meiner tochter seliger kinde, welchem ich zum vormunde gesetzet gewesen) darin befunden und was sonsten an profiant im hause, auch an hausrathe, pferden, kühen und anderm mehr vorhanden gewesen, durch seine diener inventieren und aufschreiben lassen, wie solchs gescheen sein die rethe und andere gesandten wieder nach dem grafen gezogen, haben aber zween S. gn. trabanten in meinem hause gelassen die do zuesehen solten, das ich nichts von abehenden bringen möchte. Darnach haben S. gn.*

---

[1]) Bittschrift, vom 6. Dezember 1567 datiert, an den Herzog von Braunschweig. Original im Old. Landesarchiv XLa Nr. 7, 7.

Lübbert von Wahlenn und Johann Goltschwart in meine arme behausung geschickt und mir anzeigen lassen, das ich mit weibe und kindern den hof reumen solte, do habe ich denselben geantwort, wen mein gnediger herr also bei mir thuen wolte, so miechten S. gn. lieber mein weib und kinder in meinem beisein umbringen lassen, denn ich wolte lieber das sie umgebracht werden möchten, denn das sie im lande umlaufen und armutshalben zue schanden gebracht werden solten. Die sagten mir, ich solte mich zuefrieden geben, wolgedachter graf wolte mein gnediger herr sein. Ich bin aber noch ein zeitlang im hofe geblieben und seind hernach zue den vorigen zweien trabanten noch zween geschickt worden, die do in meinem hause gelegen und gezehret. Nach etlichen tagen ist mein gnediger herr selbs auf meinen hof gekommen und hat daselbs abgemessen, wie weite graben S. gn. umb den hof wolten machen lassen ..." Der Schreiber erzählt dann in seiner einfachen Weise weiter, wie er den Grafen angefleht habe, ihm doch Zeit zu lassen, damit er seine Unschuld beweisen könne, wie aber alles nichts genützt habe. Kurze Zeit darauf seien wieder fünf Wagen voll gräflicher Diener gekommen, welche ihm abermals vier „Trabanten" zurückgelassen hätten, endlich sei ein Meier mit seiner Frau gekommen, und dann sei er trotz seiner flehentlichen Bitten, trotzdem seine Frau einen Fussfall vor dem Grafen gethan, gewaltsam mit Frau und Kindern von seinem Eigentum gejagt worden.

Wir ersehen aus diesem Fall, mit welcher unerhörten Gewaltthätigkeit und rohen Rücksichtslosigkeit Graf Anton, ohne einen Rechtsspruch abgewartet und ohne dem Beklagten Gelegenheit zum Beweis seiner Schuldlosigkeit gegeben zu haben, vorgegangen ist. Die angeführten Fälle sind nur einige aus der grossen Zahl, aber sie werfen ein grelles Licht auf die schrecklichen Verhältnisse der damaligen Zeit. Das Thun und Treiben Antons I., die Art und Weise, wie er, seinen Grundbesitz vergrössert hat, verdient einmal ans Licht gezogen zu werden; er hat unter Missbrauch seiner Eigenschaft als Landesherr schlimmer gehaust als die meisten zeitgenössischen Grundherren und seine Lehrer, die brandenburgischen Junker, weit übertroffen.

Eine wertvolle Ergänzung dieses aus den Akten der Verhandlungen über die Privatklagen gewonnenen Materials bietet uns ein wahrscheinlich bei der gräflichen Rentkammer gebrauchtes Verzeichnis der alten Herrenländereien (das ist das vermeierte Land) in Butjadingen und Stadland, welches undatiert ist, aber erst nach 1609 aufgestellt sein kann. Hinter den meisten Grundstücken ist mit kurzen Worten vermerkt, wie sie erworben sind. Wir können daraus folgende Arten der Erwerbung unterscheiden:

1. Kommendation. Der Bauer verzichtet, um Ruhe zu bekommen, freiwillig auf das freie Eigentum an seinem Besitz und bietet es dem Grafen an, um es von diesem zu Meierrecht wieder zu empfangen. In einem Falle übergibt ein lahmer Bauer in Esenshamm sein ganzes Eigentum dem Grafen, um Befreiung von den Hofdiensten zu erlangen. Dasselbe thun alleinstehende Frauen und alte arbeitsunfähige Leute. Der Vikar Edo Sibrand zu Waddens übergab seine 15 Jück dem Grafen *„gegen geniessung der vicarey auf lebenszeit"*. Weit häufiger als die Kommendation ist:

2. Die Konfiskation. Der Graf zieht mit oder ohne Recht Bauernland ein, jagt entweder den Bauer fort oder „verstattet ihm in Gnaden", sein Eigentum zu Meierrecht wieder zu übernehmen. Hat der Bauer keine Neigung, diese gnädige Erlaubnis zu benutzen, so wird er nicht selten dazu gezwungen. Einen beliebten Vorwand zur Konfiskation bieten Erbgänge. Das alte friesische Recht ist verboten worden, an seine Stelle ist ein ungeschriebenes Recht getreten, welches aber keineswegs als ein jus non scriptum im juristischen Sinne aufzufassen ist. Niemand kennt es genau. Wird nun bei Erbfällen gegen dieses neue, jedem unbekannte und dem Rechtsgefühl des ganzen Volkes widersprechende Recht verstossen, so ist das ein Grund zum Einziehen des Erblandes. Endlich werden, wie wir schon an andrer Stelle gesehen haben, vom Landgericht in Ovelgönne Bauern wegen geringer Vergehen, wie wegen schwerer Verbrechen *„mit leib und gut in Sr. Gnaden hand erkandt"*. Bestraft wird dem Verzeichnis zufolge mit Konfiskation und Vermeierung Diebstahl, Totschlag, Ehebruch, Verführung, Entführung, aber auch ebenso Verkauf von Vieh,

Versetzen, Verpfänden, Verkaufen von Grundstücken und private Streitigkeiten wie Prügelei. Alle diese Vergehen und Verbrechen werden auf ein und dieselbe Art bestraft, der Beschuldigte wird zum „eigen Meier" des gräflichen Grundherrn herabgedrückt.

Das also war die Verbesserung in den rechtlichen Verhältnissen, die durch die Abschaffung des alten friesischen Rechtes herbeigeführt worden war. Mag das alte Asebuch auch manches enthalten, was unsern heutigen Rechtsanschauungen widerspricht, die Butjadinger konnten doch ihr Recht dadurch finden und kamen damit aus; an seine Stelle war ein Gewaltrecht getreten, mit dessen Hilfe der Besitz des Grafen vergrössert und die Bauern wirtschaftlich herabgedrückt und immer mehr in seine Gewalt gebracht wurden.

Es wird so oft und zwar, wie neuere Forschungen nachgewiesen haben, mit Unrecht behauptet, die Reception des römischen Rechtes habe dazu beigetragen, die Abhängigkeit des Bauern vom Grundherrn zu vermehren und ihn in die elende Lage zu bringen, in der er sich in Deutschland nach der Zeit des Eindringens des römischen Rechtes befand. Insbesondere habe es auch das Bauernlegen erleichtert. Wir haben nun hier die Entwickelung verfolgt und gesehen, wie der Graf von Oldenburg die Rüstringer Bauern in wirtschaftliche Abhängigkeit von sich gebracht hat und wie er es verstanden hat, Bauernland einzuziehen. War daran etwa römisches Recht mitschuldig? Wir müssen die Frage verneinen, denn ganz abgesehen davon, dass das römische Recht um jene Zeit und auch später noch keinen Eingang gefunden hatte — in dem bereits oben[1]) ausführlich besprochenen Ovelgönner Vergleich von 1568 wurde ja ausdrücklich bestimmt, dass fortan nach „kaiserlichem Recht" geurteilt werden solle — haben wir gesehen, dass unter dem Grafen Anton I. in Butjadingen und Stadland Gewalt vor Recht ging.

Die zur Erledigung der Privatklagen eingesetzte Kommission richtete nicht viel aus. Den ersten Verhandlungstag haben die Kläger unzufrieden verlassen und geäussert, sie

---

[1]) Siehe S. 35.

wollten sich andre Hilfe suchen. Warum, wird uns klar, wenn wir einen Brief des Grafen an den Braunschweiger lesen, in welchem er sagt, die Prozesse seien „summarisch und ohne Weitläufigkeit" geführt worden. Den Bauern werden sie wohl zu summarisch geführt worden sein. Am 2. Januar 1572 hat wieder eine Verhandlung stattgefunden, in welcher sich einige Bauern mit dem Grafen geeinigt haben. Die Hauptfälle, darunter alle oben aufgeführten, bleiben jedoch unerledigt und kommen am 4. Oktober 1572, also mehr als anderthalb Jahre nach dem Tage von Wolfenbüttel, zum erstenmal ernstlich zur Verhandlung. Es ist nun interessant, die Stellungnahme des Grafen, der sich einen Anwalt genommen hatte, dabei zu beobachten. Vor allem vermeidet er sorgfältig, auf die Klagen näher einzugehen. Durch Aufwerfung der Frage, wer vorläufig die Kosten tragen solle, sucht er ein neues Moment in die Verhandlungen hineinzubringen, den Prozess in die Länge zu ziehen und sich der Beantwortung der Streitfragen zu entziehen. Es folgen endlose Verhandlungen, man streitet lang und breit über Nebensächlichkeiten, ohne dass für die Kläger Nennenswertes erreicht wird. Erst unter der Regierung des Nachfolgers von Anton I. wird ein Teil der Prozesse und zwar zu Gunsten der Kläger erledigt. Indessen wissen wir darüber nichts Genaueres. Dass nur ein Teil der Klagen zu Gunsten der Kläger entschieden worden ist, geht daraus hervor, dass in dem schon erwähnten nach 1609 aufgestellten Verzeichnis des vermeierten Grundbesitzes als gräfliches Eigentum eine Reihe von den Gütern aufgeführt ist, um welche sich die Privatklagen drehten. Die dabei vermerkten Namen der früheren Besitzer, sowie die kurzen Bemerkungen, weisen deutlich darauf hin. Dasselbe Verzeichnis enthält bei dem grösseren Teil der einzeln aufgeführten Fälle einen Vermerk über die Grösse des erworbenen Grundbesitzes. Durch Addieren erhalten wir als Umfang des durch Einziehung oder Abtretung der Besitzer erworbenen Herrenlands 2457 Jück, das sind 1376,65 ha. Dabei ist zu bemerken, dass in Wirklichkeit der Umfang dieses Besitzes noch erheblich grösser war, da in dem Verzeichnis bei vielen Grundstücken die Jückzahl nicht angegeben ist.

Wir wollen nunmehr zurückkehren zu dem Punkte, von

dem wir abgeschweift sind, und den weiteren Verlauf der Dinge betrachten.

Wenn man glaubt, der Wolfenbütteler Abschied habe irgend welche Verbesserung in der elenden Lage der Bauern herbeigeführt, so täuscht man sich. Wie nach dem Ovelgönner Vergleich, so fand auch jetzt nichts dergleichen statt. Graf Anton kehrte sich einfach nicht im geringsten an die Bestimmungen, er hatte ja protestiert und dann Prozess angestrengt gegen den Oberlehnsherrn; bis so ein Prozess zu Ende war, dauerte lange; inzwischen konnte alles beim alten bleiben.

Die Folgen waren wieder dieselben, zunächst Gehorsamsverweigerungen seitens der Bauern gegenüber den Vögten und dann, als diese auf Geheiss des Grafen zur Strafe Vieh pfänden wollen, teilweise offener Widerstand. Darauf immer stärkere Anspannung der Lasten der Bauern, wachsende Erbitterung auf beiden Seiten. Der Braunschweiger wendet seinen ganzen Einfluss auf; er schreibt an den Grafen er möge doch „*allen menschlichen und müglich vleis darin anwenden . . ., damit die dinge zu ewerem und ewer underthanen gedey und wolfarth allerding in ganzliche einhigkeit gebracht hin und hergelegt werden mügen*"; aber es nützt nichts; Graf Anton respektiert nur den einen, sein Gedeihen und seine Wohlfahrt betreffenden Teil des Satzes. Auf eine neue Tagsatzung, die der Herzog ansetzt, lässt der Graf sich überhaupt nicht ein, und selbst der energische Brief vom 23. August, in welchem der Braunschweiger auf seine Stellung als directus dominus hinweist, vermag nicht, ihn umzustimmen.

Die Bauern wenden sich, als sie sehen, dass alles nichts genützt hat, wieder an ihren Anwalt, den Hofrichter Kruse, dem sie noch einen Prokurator, Kaspar Borcholt, zugeordnet haben. Der erstere schreibt ihnen dann, er wolle, wenn der Herzog von Braunschweig ihnen nicht helfen könne, sich an den Kaiser wenden und ihn bitten, sich der armen Bauern anzunehmen.

Im Lande wurde die Bedrückung immer ärger. Es kam ein Gerücht auf, der Graf habe geäussert, er wolle die Bauern, die mit der Berufung an den Kaiser zu thun hätten, gefangen nehmen und köpfen lassen. Diese Nachricht, welche vielleicht etwas übertrieben wiedergegeben, wenn auch nicht ganz unwahrscheinlich war, denn sie entspricht dem Charakter und der Handlungsweise des Grafen Anton I., erregte die grösste Aufregung. Die Einwohner versammelten sich in der Kirche zu Stollhamm und beschlossen, wenn solches geschehe und die Diener des Grafen kämen, wollte man Sturm läuten und die, welche gefangen genommen würden, mit Gewalt befreien. Wenn der Graf sie so behandelte, wollten sie mit Weib und Kind aus dem Lande ziehen.

Die feindselige Stimmung gegen den Landesherrn nimmt überhand. Man berichtet ihm, ein Butjadinger Egge Iddessen habe geäussert „*he en achte ene [den Grafen] nicht mer alse einem andern kerle und he keme ehne dar nicht guth vor, dat S. Gn. se alle scholde regeren*". Ferner wurde ihm mitgeteilt, man hätte ihn auf dem Wege von Ovelgönne nach Oldenburg überfallen und gefangen nehmen wollen, der Plan sei aber vereitelt worden. Inwiefern dies auf Wahrheit beruht, ist nicht zu sagen, immerhin scheint die Stimmung im Lande eine recht bedenkliche gewesen zu sein. Anderseits gab es aber auch Verständige genug, welche vor Unbesonnenheiten warnten und die allzu Stürmischen auf den Weg des Rechts verwiesen. Graf Anton beschloss endlich, kurzen Prozess zu machen, und liess Anfang Januar 1573 eine Anzahl Bauern, wahrscheinlich die Führer der Bewegung, plötzlich des Nachts durch seine Kriegsknechte aus den Betten holen und auf die Festung Delmenhorst ins Gefängnis schaffen. Dreizehn andere Bauern retteten sich vor demselben Schicksal durch die Flucht. Den Gefangenen sollte der Prozess wegen Hochverrats gemacht werden, und wer weiss, wie es ihnen ergangen wäre, wenn nicht wenige Tage darauf am 22. Januar 1573 der Tod Graf Anton I. ereilt hätte.

Mit dem Regierungsantritt Johanns, des Sohnes von Anton I., vollzieht sich eine bemerkenswerte Verbesserung in der Lage der Butjadinger und Stadländer. Dass er das Vorgehen seines Vaters nicht gebilligt hat, das beweisen seine ersten Regierungshandlungen, welche einen Teil der Sünden Antons wieder gut zu machen suchten. Zunächst gestattete er den dreizehn entflohenen Rüstringern die Rückkehr und Wiederbesitznahme ihres Eigentums unter der Bedingung, dass sie sich künftig aller „*rotterung, samenkempfst, versammlung und schatzung enthalten*". Die Flüchtigen kehrten zurück und verpflichteten sich zu Oldenburg dem Grafen durch Handschlag. Auch die zu Delmenhorst gefangen gehaltenen Bauern, darunter Halle zu Ellwürden, Bolke Stadlander und Egge Itzen, werden frei gelassen, müssen aber Urfehde schwören und jeder drei Landsleute als Bürgen stellen. Ferner lässt Johann XVI. bald nach seinem Regierungsantritt den Butjadingern und Stadländern durch die Pastoren öffentlich verkündigen, dass binnen kurzem eine gründliche Kirchenvisitation zur Abstellung aller Uebelstände stattfinden werde. Den Unterthanen soll ferner erlaubt sein, ihre Klagen und Beschwerden dem Landesherrn persönlich zu Oldenburg oder wo sie ihn gerade finden, oder auch seinen vereidigten Räten vorzutragen. Am 1. Juli soll in Ovelgönne ein Landgericht stattfinden, zu welchem er durchaus unparteiische Richter bestellen will. Diese sollen auch besonders darauf vereidigt werden, dass sie keine Geschenke annehmen.

Diese ersten Erlasse hatten nicht verfehlt, die Bevölkerung zu beruhigen, und als der neue Regent Ende April 1574 in beide Länder kam, um sich von den Unterthanen huldigen zu lassen, leisteten alle ohne Widerrede der Aufforderung, zur Huldigung zu kommen, Folge. Zuerst schwuren die Stadländer zu Ovelgönne den Erbhuldigungseid. Vierzig Stadländer begehrten, mit den Butjadingern gemeinsam zu schwören, und zogen mit zum Mitteldeich. Das Gefühl der Zusammengehörigkeit war also noch recht stark. Vor der Vollziehung des Huldigungsaktes baten die Meier um Ermässigung ihrer zu hohen Heuer, und nachdem ihnen Berücksichtigung ihrer Klagen zugesichert war, erschien plötzlich jener schwergeprüfte Mann, den Graf Anton mit so unerhörter Brutalität aus seinem schönen Besitztum in die bitterste Not getrieben hatte, Duren von der Heete, um noch einmal eine Aenderung seines Schicksals zu versuchen. Mit ergreifenden Worten trug er seine Sache vor, und als auf seine Aufforderung alle seine Landsleute seine

Bitte unterstützten und seine Tochter sogar einen Fussfall vor dem Grafen that, da versprach dieser genaue und gerechte Untersuchung der Angelegenheit und setzt ihn vorläufig wieder in sein Eigentum ein. Dieser Gnadenakt machte bei den Bauern grossen Eindruck. Zum erstenmal seit langen Jahren wurden sie von ihrem Landesherrn wieder menschlich behandelt. Alle leisteten jetzt willig den Huldigungseid; mit frohen Hoffnungen blickten sie in die Zukunft, die ein besseres Los zu versprechen schien.

In der That fand auch eine Verbesserung ihrer Lage statt. Wenn auch die Bestimmungen des Ovelgönner Vergleichs und des Wolfenbütteler Abschieds nur zum kleinsten Teile erfüllt worden sind, so hörte doch vor allem jene Gewaltherrschaft auf, wie sie Anton I. geführt hatte. Der Bauer konnte hinfort wenigstens sein Recht finden, denn das Gericht war nunmehr mit unparteiischen und unbestechlichen Richtern besetzt, die gemeinsam mit vier Vertretern der Bauern richteten. Auf Johanns Befehl wurde auch gemäss der Bestimmung im Ovelgönner Vergleich mit einer Aufstellung des Butjadinger Landrechts unter Berücksichtigung der Landessitten und Gewohnheitsrechte begonnen. Die Fertigstellung dieser Arbeit sollte Johann indessen nicht mehr erleben; sie wurde häufig unterbrochen und verschoben, und erst am Ende der Regierungszeit seines Nachfolgers im Jahre 1664 erfolgte die Publikation des Butjadinger Landrechtes. Graf Johann hat aber das Verdienst, die ersten Schritte zur Ausführung gethan zu haben. Er liess einer Kommission von 27 Einwohnern eine Reihe von Fragen[1]) über das Erbrecht vorlegen. Die Antworten ergaben das erste Material zu den diesbezüglichen Arbeiten.

Ferner wurden im Deichwesen Verbesserungen getroffen, indem eine neue, von Tiling aufgestellte Deichordnung erlassen wurde. Die Verbesserungen vermochten aber nicht, neue grosse Einbrüche der Flut und Ueberschwemmungen zu

---

[1]) Fragen und Antworten siehe im Butjad. Weistum betr. Testamente d. a. 1586. (Mscr. Oldenb. spec. Butjadingen.) Sie enthalten aber nichts, was auf ein früher bestandenes Anerbenrecht hindeutet.

verhüten; die Misswirtschaft Antons I. machte sich noch lange fühlbar.

Die Folge der Politik Johanns XVI. war denn auch, dass die Einwohner sich mehr und mehr beruhigten; wir hören in den nächsten Jahren nichts mehr von Aufruhr und Gehorsamsverweigerungen; auch Klageschriften laufen seltener ein. Die Bauern glaubten an den guten Willen ihres Regenten, und wenn er auch als ein Kind seiner Zeit sie wie sein Vorgänger gehörig durch Lasten und Dienste ausnutzte, so blieb es doch — wenn man von einer unbedeutenden Unruhe im Jahre 1588 absieht, welche sich in heimlichen Versammlungen und Beratschlagungen äusserte — ziemlich ruhig im Lande. Die Bauern waren mit dem Wenigen, was sie bewilligt bekommen hatten, vorderhand zufrieden und erwarteten von der Zukunft weitere Verbesserungen ihrer Lage. Wie weit sich diese Hoffnungen erfüllten, werden wir später sehen.

Nicht wenig trug zur Beschwichtigung der Umstand bei, dass, wie bereits erwähnt, ein Teil der Privatklagen aus der Zeit Antons nunmehr zu Gunsten der Kläger erledigt wurde und verschiedene ihr Eigentum zurückerhielten, wie aus den Akten des Prozesses hervorgeht, welchen der frühere Anwalt der Butjadinger Kaspar Borcholt und die Erben des mehrfach erwähnten Andreas Kruse wegen nicht bezahlten Anwalthonorars 1591 beim Reichsgericht gegen die Bauern anstrengten. Die umfangreichen Akten dieses Prozesses enthalten für die Geschichte der Unfreiheit und für die Kenntnis von Land und Leuten viel wertvolles Material, auf das wir aber hier nicht mehr näher eingehen brauchen, da wir es zumeist schon verwertet haben. In diesem Prozess erscheinen die Bauern nicht in dem besten Lichte, indem sie die Verantwortung für die Anstellung der Anwälte ablehnen und die ganze Sache als von einigen unruhigen Köpfen angestiftet hinstellen wollen. Indessen hat, wie Sello[1]) nachweist, „nicht die Gerechtigkeit, sondern die Diplomatie die Feder im Namen der Butjadinger" geführt. Alle Erklärungen in diesem Prozesse sind durch

---

[1]) Sello, Der letzte Freiheitskrieg der Friesen zwischen Weser und Jade, Weserzeitung 1894.

Beamte des Grafen auf Grund der von der gräflichen Regierung erteilten Informationen erteilt worden. Die Absicht der Regierung ging dahin, „den Fernerstehenden gegenüber die letzte rüstringische Bewegung ihres für den Ruf der oldenburgischen Verwaltung gefährlichen, zugleich nationalen und sozialen Charakters zu entkleiden und die von Braunschweig durchaus nicht gebilligte schroffe und eigennützige Politik Graf Antons nachträglich zu rechtfertigen" [1]).

Johann XVI. setzte während seiner 30 Jahre langen Regierung das Werk der Eindeichungen mit grossem Eifer fort. In Butjadingen und Stadland wurden von ihm weite Strecken Landes dem Wasser entrissen. Sein Lebenswerk, die Eindeichung des Hobens bei Rodenkirchen, wurde 1591 vollendet. Die Deicharbeiten mussten, wie in früheren Jahren, so auch jetzt die Bauern leisten, ohne dass sie irgend eine Entschädigung dafür erhielten. Das durch die Eindeichungen gewonnene Land aber fiel dem Grafen als Allodialbesitz zu und wurde teils zu den Vorwerken gelegt, teils in ziemlich gleich grossen Stücken an Unterthanen zu Meierrecht ausgegeben. Die Einwohner litten natürlich sehr unter der Deichpflicht, um so mehr, als viele oft halbe Tagereisen von den neu angelegten Deichwerken entfernt waren. In einer Bittschrift vom Jahre 1588 bitten sie, dass man ihnen neben den Deicharbeiten doch etwas Zeit lasse, damit sie ihr eigenes Land bestellen und auch ihre Deichstrecken in Ordnung halten könnten. Der Bitte wurde nicht entsprochen. Das Schlimmste war die Vernachlässigung der alten Deiche, welche denn auch schliesslich den Fluten nicht mehr Stand hielten und zweimal, 1595 und 1597, brachen, wodurch abermals grosse Ueberschwemmungen verursacht wurden. Das durch die Eindeichungen neu gewonnene Land scheint demnach zu teuer erkauft. Zu lebhaften Klagen gibt dann noch Anlass die Auferlegung einer Steuer von 4 Grote pro Jück zur Unterhaltung einer Anzahl von Kriegsknechten, die der Graf in Dienst genommen hat. Auch die Türkensteuer, die anscheinend den Bauern noch immer zu hoch berechnet wurde, hatte 1579 eine Beschwerde verursacht,

---

[1]) Sello, l. c.

die dadurch erledigt wurde, dass Graf Johann den Bauern versprach, sie sollten fortan nicht mehr bezahlen brauchen, als die Einwohner der benachbarten Länder. Das Versprechen scheint jedoch nicht erfüllt worden zu sein, denn dieselbe Klage kehrte im Jahre 1603 nach dem Tode Johanns wieder.

Trotz alledem fühlen sich die Bauern unter der Regierung Johanns noch verhältnismässig wohl. Sie leisteten ihre Dienste und Abgaben und freuten sich, dass es ihnen nicht noch schlechter ging. Die schlimmen Zeiten, die sie unter Anton I. durchgemacht, waren noch frisch in ihrem Gedächtnis. Als 1594 eine Teilung Butjadingens und des Stadlandes zwischen Johann und seinem zur Mitregentschaft berechtigten Bruder Anton in Aussicht stand, gerieten die Bauern in grosse Aufregung. Sie setzten alle Hebel in Bewegung, um das ihrer Meinung nach drohende Unglück abzuwenden; sie sandten Bittschriften und Deputationen nach Braunschweig, ja sogar eine Bittschrift an den deutschen Kaiser. Man sieht, wie sich einerseits die Bewohner beider Lande noch als ein Volk fühlen, und wie auf der andern Seite der blosse Gedanke, dass bei einem Teil durch eine Trennung der Landschaften eine Verschlechterung der Lage, wo möglich eine Rückkehr in die früheren schrecklichen Zustände eintreten könne — es hiess nämlich, der Bruder Johanns sei seinem Vater Anton I. in Bezug auf den Charakter nicht unähnlich —, wie dieser Gedanke die lebhafteste Beunruhigung hervorrief. Es kam indessen nicht zur Teilung; beide Parteien starben, bevor der deswegen eingeleitete Prozess zu Ende war.

Wir sind damit bei einem Wendepunkt in der Geschichte der Unfreiheit der Butjadinger und Stadländer angekommen. Der am 12. November 1603 erfolgte Tod Johanns XVI. und der Regierungsantritt seines Sohnes, des Grafen Anton Günther, bedeuten einen Schritt zur Besserung der Verhältnisse; die Ansätze zur Bauernbefreiung fallen in die Regierungszeit Anton Günthers. Bevor wir fortfahren in der Schilderung der Entwickelung der bäuerlichen und grundherrlichen Verhältnisse, wollen wir kurz einen Rückblick werfen auf die bisher behandelte Zeit und uns die Fragen vorlegen: welche Tendenz hatten die Massnahmen der oldenburgischen Regenten in dem Lande zwischen Weser und Jade seit der Eroberung desselben, und welche Folgen hatten sie für die Bevölkerung?

Was zunächst die Beantwortung der ersten Frage angeht, so brauchen wir uns nur die einzelnen Handlungen der Grafen ins Gedächtnis zurückzurufen, um ihre Absicht deutlich zu erkennen.

Die Hauptverpflichtung, welche die unterworfenen Rüstringer beim Abschluss des Friedens im Jahre 1514 auf sich nehmen mussten, war die Leistung des Zehnten, das ist die Ablieferung des zehnten Teiles aller geernteten Früchte an den Grafen. War der Zweck dieser Zehntforderung zunächst ein rein finanzpolitischer, so kann doch nicht verkannt werden, dass die Leistung des Zehnten auf die Wirtschaft des Bauern von äusserst nachteiligem Einfluss sein musste. Der Zehnte ist bekanntlich überall, wo er geleistet werden musste, eines der ärgsten Hemmnisse für den Uebergang zu intensiverer Kultur gewesen. In unserm Lande aber war bei den häufigen Wassereinbrüchen und Ueberschwemmungen, die eine so grosse Verschlechterung, ja eine teilweise Sterilisierung des Bodens zur Folge hatten, die Melioration oder vielmehr das Zurückführen auf den alten Zustand sehr oft dringend nötig. Der Bauer musste sich jedoch in solchem Falle sagen: Diese Arbeit verursacht Mühe und Kosten, die allerdings durch den erhöhten Ertrag wieder eingebracht werden können. Nun kommt aber der Graf und fordert den zehnten Teil des Bruttoertrages; da nimmt er auch das fort, was mir die Kosten der Melioration hätte einbringen sollen; ja es kann leicht kommen, dass die durch die Melioration gesteigerten Kosten mehr betragen, als nach Abzug eines Zehntels von dem Bruttoertrage übrig bleibt. Also lasse ich lieber den Boden so liegen, wie er ist, als dass ich in die Tasche des Herrn arbeite. So musste der Zehnte hier nicht nur als Hemmnis für den Uebergang zu intensiverer Kultur wirken, sondern in manchen Fällen sogar eine Verschlechterung in der Kultur herbeiführen. Mit der zunehmenden Verschlechterung der Deiche musste sich diese gefährliche Wirkung des Zehnten in steigendem Masse fühlbar machen.

Eine zweite Massnahme war die Ausnützung der Deichpflicht im grundherrlichen Interesse. Die Deichpflicht war bei den Friesen eine alte und zu allen Zeiten sehr streng befolgte Pflicht, die jedem Volksgenossen in Fleisch und Blut übergegangen war, wie auch das Deichrecht wohl das allerälteste, am frühesten im Kampf gegen den allen gemeinsamen Feind, das Wasser, entstandene Recht ist. Es konnte also dem Grundherrn nicht schwer fallen, die Bauern zunächst zur Ausübung ihrer Deichpflicht zu veranlassen und sie dann allmählich an die Ausnützung dieser Pflicht in seinem Interesse zu gewöhnen. Sie wurden gezwungen, Aussendeichsland einzudeichen, und als das neue Land dem Wasser entrissen war, beanspruchte es der Landesherr für sich, und die unterdrückten Einwohner konnten nichts dagegen machen. Von dem neu gewonnenen Land wurde ein kleiner Teil (1/23) als Vorwerksland benutzt, das heisst in Selbstbewirtschaftung genommen; der weitaus grössere Teil wurde in kleinen, ziemlich gleichmässigen Stücken an Unterthanen verpachtet. Das Pachtverhältnis scheint anfangs für die Pächter wenig drückend gewesen zu sein, ob schon damals ein Laudemium von ihnen gefordert wurde, ist nicht zu sagen. Das Vorwerksland, dessen Umfang zur Zeit der Regierung der Grafen Johann XIV. und XV. noch gering war, wurde mit Hilfe von Gesinde bewirtschaftet.

Dann kam Graf Anton I. zur Regierung. Unter ihm fand, wie wir gesehen haben, die Reformation ihren Eingang, und er benutzte diesen Umstand zur Säkularisation. Das dadurch gewonnene Land, vor allem die grossen Johannitergüter, wurde zumeist in Selbstbewirtschaftung genommen, und damit trat an den Grundherrn das Bedürfnis nach Kräften zur Bearbeitung des neuen Besitzes heran. Hatte früher Gesinde- und allenfalls Taglöhnerarbeit genügt, so kam man jetzt damit nicht mehr aus. An die nicht regelmässig, sondern nur von Zeit zu Zeit geforderten Deichfronden hatten sich die Bauern allmählich gewöhnt, jetzt ging der Landesherr einen Schritt weiter und führte eine neue Frondienstpflicht ein, alle Bauern mussten auf den Vorwerken an bestimmten Tagen zum Arbeiten erscheinen. Hand in Hand mit der Einziehung der Johannitergüter war die Einziehung alles Gemeinlandes gegangen, erst desjenigen, welches zur Unterhaltung der Kirchen und der Pfarrer gedient hatte, und dann auch des Landes, aus dessen Erträgen bisher die Türkensteuer, die Kranken- und Armenfürsorge und die Deichlasten bestritten worden waren. Alle diese Lasten wurden nun nicht etwa aus der Kasse des Grafen bestritten, sondern den Einwohnern auferlegt, die schwer darunter litten. Die nächste Folge war, dass in kurzer Zeit kaum noch ein Geistlicher im Lande zu finden war. Die Vikare, die bisher den Schulunterricht in Händen gehabt hatten, mussten sich ihren Lebensunterhalt anderswo oder auf andre Weise suchen. Bald standen im ganzen Lande die Schulen leer, und die Kinder blieben ohne jeden Unterricht. Graf Anton that nichts, um diesem schweren Uebelstand abzuhelfen. Selbst die in den letzten Jahren seiner Regierung aufgestellten diesbezüglichen Bestimmungen in den durch den Oberlehnsherrn erzwungenen Vergleichen wurden von ihm einfach ausser acht gelassen. Wir können demnach mit Recht annehmen, dass das Aufhören jeglichen Schulunterrichtes, das Verkommen der Kinder in Dummheit seinen Absichten durchaus entsprach. Hatte er den Bauer erst in geistiger und moralischer Beziehung herabgedrückt und unfähig gemacht, sein Recht zu wahren, dann konnte es ihm ja nicht schwer fallen, ihn auch in wirtschaftlicher Beziehung zu unterdrücken und schliesslich zum Leibeigenen zu machen.

Aber noch eine weitere Folge hatte die Einziehung des Gemeinlandes. Wir haben gesehen, dass unter dem eingezogenen Land auch solches war, dessen Einkünfte zur Bestreitung der Kosten der Unterhaltung der Deiche dienten. Die Folge der Einziehung war, dass die Deiche mehr und mehr vernachlässigt wurden und endlich dem Wasser nicht mehr Widerstand zu leisten vermochten. Nun könnte man einwenden, die Bauern hätten doch selbst die Gefahr erkennen und für die Instandhaltung der Deiche aus eigenen Kräften sorgen sollen. Man muss aber bedenken, dass zu jener Zeit die Bauern bereits so sehr mit Frondiensten auf den Vorwerken und den neuen Eindeichungen überlastet waren, dass ihnen kaum Zeit blieb, ihr eigenes Land nur notdürftig zu bestellen, geschweige denn die alten Deiche in stand zu halten. So konnte es kommen, dass die Fluten immer häufiger einbrachen und immer schwerere Verwüstungen anrichteten. Und wenn es auch gelang, den grimmen Feind für kurze Zeit aus dem Lande zu bannen, so waren doch die Folgen entsetzlich. Nicht allein, dass der Boden durch das Eindringen des Salzwassers verdorben und unfruchtbar wurde, nach jeder Ueberschwemmung traten unter dem Vieh verheerende Pestkrankheiten auf, welche das hinwegrafften, was nicht im Wasser ertrunken war. Unter den Menschen aber wütete das Sumpffieber.

Mit dem Steigen der Deich- und Vorwerksfronden ins Ungemessene verschlimmerten sich die Verhältnisse; je mehr der Grundherr an Boden gewann, desto mehr verloren die Bauern an wirtschaftlichem und leider auch an geistigem und sittlichem Halt.

Aus den ehemals freien und durch ihre Freiheit so kräftigen Bauern wurden Hörige. Jeder Bauer gehörte zu einem Vorwerk; ja es kam vor, dass ein Bauer bei drei verschiedenen Vorwerken hofhörig war.

Dann folgten, wie wir ebenfalls schon gesehen haben, in rascher Aufeinanderfolge eine Reihe von Massnahmen seitens des Grafen, die alle denselben Zweck hatten, nämlich **den Bauer immer tiefer herabzudrücken und schliesslich zum „eigenen Mann" zu machen.** Das Vorkaufsrecht des Grafen, welches es dem Bauer unmöglich machte, seine Produkte, vor allem sein Vieh anders als um jeden Preis an ihn selbst zu verkaufen, und welches die Viehzucht ganz heruntergebracht, das Verbot der freien Teilbarkeit, welches geschlossene Höfe und das Anerbenrecht herbeiführte, den Bauer noch mehr in seinen wirtschaftlichen Handlungen beschränkte und der Hemmschuh für jeden Fortschritt wurde, und endlich, um nur noch eins der wichtigen Momente zu nennen, die den Bauern auferlegte Pflicht, Vieh des Grafen umsonst durchzufüttern, alles das diente dem oben genannten Zweck.

Die Folgen dieser Vergewaltigung der Rüstringer waren furchtbare. Zu der Zeit, als Graf Anton starb, war das ganze Land heruntergekommen; die landwirtschaftliche Kultur stand auf der tiefsten Stufe; nur auf den Vorwerken herrschte ein besserer Zustand. Weite Strecken Bauernlandes lagen verödet, denn der Bauer hatte wegen der vielen Frondienste keine Zeit, es ordentlich zu bewirtschaften, und es fehlte ihm bei der erdrückenden Last der grundherrlichen Abgaben auch bald das nötige Betriebskapital. Der Verkauf eines Teiles seines Besitzes, der ihm hätte helfen können, war verboten. Viele Bauernhöfe standen leer und fielen dem Grafen anheim; ihre Besitzer waren entweder bei einer der Ueberschwemmungen ertrunken oder aus dem Lande geflohen.

Die Regierung Johanns XVI. hatte zwar einige Milderungen gebracht, aber den Ruin hat sie nicht aufgehalten. Wozu in andern Gegenden Jahrhunderte gebraucht worden waren, das hatte sich in Butjadingen und Stadland durch die Gewaltherrschaft der Oldenburger Grafen in etwa 80 Jahren entwickelt.

Der Bauer hatte von den alten Friesen nicht viel mehr als den Namen; wohl schlummerte noch das Freiheitsgefühl in ihm; aber er war zu schwach, um es zum Erwachen zu bringen. Die zunehmende Verdummung übte ihren zersetzenden Einfluss aus; das Gefühl, es nie zu etwas bringen zu können, stumpfte den Menschen ab und liess ihn schliesslich gleichgültig und träge dahinleben. So stand der Rüstringer Bauer am Ende des 16. Jahrhunderts in geistiger und wirtschaftlicher Beziehung äusserst tief, und das ehemals so kräftige Volk wäre einem gänzlichen Ruin verfallen, wenn nicht zur rechten Zeit die Wendung zum Besseren eingetreten wäre. Diese kam mit dem Grafen Anton Günther oder, genauer gesagt, mit dem Aussterben der gräflich oldenburgischen Mannslinie, deren letzter Spross er war. Bevor wir uns aber der neuen Epoche zuwenden, wollen wir uns noch kurz mit dem gräflichen Grundbesitz beschäftigen, der um die Wende des Jahrhunderts auf dem Höhepunkt seiner Blüte stand. Wie sah es auf diesem aus? Darüber soll uns das nächste Kapitel Aufschluss geben.

III.
Die Bewirtschaftung des gräflichen Grundbesitzes.

In Verlauf dieser Untersuchungen haben wir gesehen, auf welche Weise sich die Grafen von Oldenburg Grundbesitz in den eroberten Landesteilen zwischen Jade und Weser erworben haben. Wir können, um kurz noch einmal zusammenzufassen, folgende Arten der Erwerbung unterscheiden:

1. Säkularisation;
2. Einziehung von Gemeinland;
3. Kauf;
4. Kommendation seitens einzelner Einwohner;
5. Konfiskation auf Grund von Urteilen des Landgerichts in Ovelgönne;
6. widerrechtliche, gewaltsame Konfiskation;
7. Neueindeichungen.

Nur über den Umfang der eingedeichten Ländereien sind im Archiv ziemlich genaue Aufzeichnungen vorhanden, wogegen die über den Umfang des auf andre Weise erworbenen Grundbesitzes sehr lückenhaft sind. Ueber den Umfang der Eindeichungen gibt Auskunft die *"Designatio der im ampt Ovelgönne eingeteichten ländereien, ausserhalb dessen, was davon eigenthümblich verkauft, verschenkt oder sonst frey ist"*. Von diesem in mehrfacher Hinsicht interessanten Stück wollen wir hier eine Kopie [1]) wiedergeben:

---

[1]) Vgl. das Original im Haus- und Zentralarchiv sub Tit. XIII Nr. 1.

1.
Bei des herrn graf.Johans des 14. hochseligen andenkens regierung.

1. Kurtz nach Ao. 1514 bezwungenem lande und gelegter festung Ovelgönne ist der wurp von der Ovelgönne bis zum Hanenknop eingedeichet davon der Friesche mohr

in 25 bauen . . . . 1272³/₄ jück alt. Maass
die gnädige herrschaft gebraucht
 davon zum vorwerk Ovelgönne 244 „ 152 ruthen.
 zum garten ohngefehrlich . . . 3 „ 28 „
 diener besoldung . . . . . 50 „
 zum meierrecht ausgethan . . . 1277 „
 buschlandt à 2 R. T. heuer . . . 7³/₄ „
Hierher gehört die Ovelgönn. mühle à 150 R. T. jährlich heuer.

2. Etzliche jahr hernach ist der wurp vom Hanenknop bis zum Hayenwerfe geteichet
 davon der Schwei in 38 bauen . . . . . 1922¹/₆ jück
 sonst zu meierrecht ausgethan . . . . . 294 „
Hierher gehört die Hanenknoper mühle à 150 R. T. jährl. heuer.

2.
Bei herrn graf Anthon des I. hochseligen andenkens regierung.

3. Anno 1531 in der pfingstwoche ist der groden bei Langwarden eingeteichet, davon ubrig so den underthanen zu meierrecht ausgethan 1769 jück.

4. eodem anno ist die Harrierbrake oder das Lockfleth zugeschlagen und übergeteichet davon gebraucht die gnäd. herschaft beim
 vorwerk Ovelgönne . . . . 253 jück 48 ruthen
 zu meierrecht ausgethan . . . . . 45 „
 buschlandt à 2 R. T. heuer . . . . 10¹/₂ „
 noch an Stadtlandische seiten . . . 11 „
welche bei's vorwerk Wittbeckersburg gebracht werden.

5. Anno 1539 ist das Blexer sand eingeteichet, davon gebraucht die gn. herschaft
 zum vorwerk . . . . 351¹/₂ jück
 zu meierrecht ausgethan . . . . 278 „

6. Anno 1555 umb Pfingsten ist das land bei Eckwarden bis auf den Hayenschloot eingeteichet, davon gebraucht die gn. herschaft beim
 vorwerk Hayenschloot . . . . . 631¹/₂ jück
 „ Roddens . . . . 455 „
 zu meierrecht ausgethan . . . . 519 „ 134 ruthen.
Eckwarder mühle ist dieses vorwerks halber gelegt, thut an heuer 120 R. T.

7. Eodem anno ist der Esenshammer groden eingeteicht, davon gebraucht die gn. herschaft
    beim vorwerk Innete . . . . 451½ jück
    zu meierrecht ausgethan . . . . 567⅞ „

8. Anno 1556 ist der Hayenschloot übergeschlagen, wodurch nebenst den Beckmannsfeldern das Stollhammer Hayenschlooter land gewonnen. Hiervon gebrauchet die gn. herschaft
    beim vorwerk Hayenschloot das eine
    Beckmannsfeld . . . . 51½ jück
    das andere zum vorwerk Innete . . 48⅖ „
    das Stollhammer Hayenschlooter land
    zu meierrecht ausgethan als . . 351 „ 70 ruthen.

Hinter diesem Hayenschlooter meierland befindet sich ein unvermessener anwachs.

9. Zwischen anno 1556 und 1560 ist das Havendorfer sand eingeteicht, davon
    vorwerksland sammt den Ausserteicher dazu
    gehörigen groden . . . . 546¾ jück
    zu meierrecht ausgethan . . . . 9½ „

3.
Bei herrn grafen Johanns des 16. hochseligen andenkens regierung.

10. Anno 1573 und etlichen folgenden, ist das Schweyer aussendeicher land und der alte hoben eingeteicht, wovon das Schweyer aussenteicher land
    in 52 bauen . . . . 1677 jück 146 ruthen
    vom alten hoben braucht die gn.
    herschaft . . . . 393 „ 92 „
    zu meierrecht ausgethan . . . . 293⅝ „

11. Anno 1587 ist der Golzwarder groden bedeichet und gewonnen, davon gebraucht die gn. herschaft
    beim vorwerk Ovelgönne . . . . . 66 jück 49 ruthen
    zu meierrecht ausgethan . . . . . 507 „ 26 „

12. Anno 1590 und etlichen folgenden ist der neue Hoben und das Morgenland eingeteicht,
    davon gebraucht die gn. herschaft 243 jück
    zu meierrecht ausgethan . . . . 1169 „ 70 ruthen
    Schweyer vogt's dienstland . . . 16⅕ „

Hierher gehört die neue Hoben mühle à 170 R. T. heuer.

13. Anno 1601 ist die Alser schlenge übergeschlagen, wodurch das Schmalenflether watt niessbahr gemacht thut an heuer 145 R. T.

14. Anno 1604 ist der Howiek hinder Goltzwarden ausgemessen zu meierrecht 64 jück.

Die andern groden und sande thun zusammen an heuer 482 R. T. 69 gr.

4.

Von des hochgebohrnem unserm gn. grafen und herrn
[Anton Günther].

15. Anno 1648 der Neueste hoben zum drittenmahl gedeicht und durch Gottes gnade gewonnen.

Sonsten sind folgende stück noch vorhanden, als vom gekauften lande gebraucht

die gn. herschaft . . . . 243 jück
zu meierrecht ausgethan . . . . 325 ¼ „
an alten herrn land so nicht eingedeicht ist
vorhanden . . . . 2165 „
lehen land ohngefehrlich . . . . 855 „

Aus diesem Stück geht also hervor, dass, wenn man von dem, „*was davon eigentümblich verkauft, verschenkt oder sonst frei ist*" absieht, Graf Johann XIV. insgesamt rund 5070 Jück Land durch Eindeichung gewonnen hat. Davon wurden zum Vorwerk Ovelgönne 247 Jück gelegt und an Unterthanen zu Meierrecht ausgethan 4773 Jück. Zu Graf Anton I. Zeiten wurden 6349 Jück eingedeicht, wovon 2789 Jück als Vorwerksland gebraucht und 3560 Jück vermeiert wurden. Während der Regierung Johanns XVI. wurden von 5428 Jück durch Eindeichung gewonnenen Landes als Vorwerksland gebraucht 702 Jück und zu Meierrecht ausgegeben 4711 Jück. Im ganzen waren also bis zum Regierungsantritt des Grafen Anton Günther (1603) 16850 Jück des fruchtbarsten Landes durch Eindeichen mit Hilfe der Frondienste der Unterthanen gewonnen worden und in den Besitz der Grafen übergegangen. Davon waren zu den Vorwerken 3741 Jück gelegt und zu Meierrecht 13043 Jück ausgegeben worden. Die Deiche würden, wenn sie ohne die Frondienste der Unterthanen hergestellt worden wären, nach einem bei den Akten befindlichen „Ueberschlag" einen Aufwand von 620280 Reichsthalern erfordert haben.

Als gekauftes Land rechnet die „Designatio" 568 ¼ Jück, ob darin auch der Butjadinger Teil des dem Johanniterorden um 1530 entzogenen und 1572 nachträglich abgekauften Landes begriffen ist, ist nicht ersichtlich. Wenn dies der Fall ist, dann entspricht die obige Zahl ungefähr der ursprünglichen

Grösse der Johannitergüter Inte und Roddens. Dann wäre dieses Land das einzige durch Kauf erworbene überhaupt.

Nach einem Verzeichnis aus dem Jahre 1648 hatten zu jener Zeit die einzelnen Vorwerke im Amt Ovelgönne folgende Grössen:

Hayenschloot	829 Jück
Inte	789 "
Roddens	174 "
Das Roddenser neue Land	619 "
Blexer Sand	416 "
Ovelgönne	706 "
Wittbeckersburg	477 "
Neuer Hoben	787 "
Alter Hoben	486 "
Seefelder Ländereien (3. Hoben)	1661 "
Im ganzen	6944 Jück

Zu diesen 6944 Jück Vorwerksland kommt nun noch das dem Herrn gehörige „dienende Land", d. h. Herrenland, welches nicht in Selbstbewirtschaftung steht, sondern zu Meierrecht ausgegeben ist. Welchen Umfang dieses hatte, ist nicht genau zu ermitteln. Das im vorigen Kapitel erwähnte Verzeichnis über das eingezogene und vermeierte Bauernland gibt nach unserer Berechnung 2457 Jück an. Wir haben jedoch gesehen, dass diese Zahl viel zu niedrig ist, weil bei einer Reihe von Gütern die Grössenangabe fehlt. Rechnen wir zu dieser Zahl die in der „Designatio" am Schluss aufgeführten 2165 Jück nicht eingedeichten Alt-Herrenlandes und die 855 Jück „Lehenlandes", sowie endlich die 13043 Jück durch Eindeichungen gewonnenen und vermeierten Landes, so haben wir im ganzen 18520 Jück Land, welches an Unterthanen zu Meierrecht ausgegeben ist. Rechnen wir endlich hierzu noch die 6944 Jück Vorwerksland, so haben wir als **Gesamtumfang des gräflichen Grundbesitzes 25 464 Jück**[1]), **das sind nach unserem heutigen Mass rund 14 267 ha**. Dabei muss nochmals darauf aufmerksam gemacht werden, dass diese Feststellung bei dem ungenügenden Material auf grosse Genauig-

---

[1]) 1 Jück nach altem Mass = 0,5603 ha.
 1 " " neuem " = 0,4538 "

keit keinen Anspruch machen kann, dass vielmehr die Summe zu niedrig ist. Der Flächeninhalt von ganz Butjadingen und Stadland (Amt Ovelgönne) betrug damals nach meinen Berechnungen 67 489 Jück oder 37 793,84 ha. Demnach nahm der gräfliche Grundbesitz etwa $2/5$ (genau $25/66$) des ganzen Landes ein.

Nachdem wir so einen Begriff von der ungefähren Grösse des gräflichen Grundbesitzes in Butjadingen und Stadland erhalten haben, wollen wir uns der Frage zuwenden, wie dieser Grundbesitz bewirtschaftet wurde.

Naturgemäss ist zu unterscheiden:
1. die Bewirtschaftung der Vorwerke;
2. die Bewirtschaftung des zu Meierrecht ausgegebenen Landes.

Die Archivalien, aus welchen wir ein Bild beider Arten der Bewirtschaftung zu konstruieren versuchen wollen, stammen zum grössten Teil aus der Zeit des Grafen Anton Günther (1603 bis 1667), und so beschreiben denn auch die folgenden Zeilen die Verhältnisse in der ersten Hälfte des 17. Jahrhunderts. Wenden wir uns nunmehr zunächst der Bewirtschaftung der Vorwerke zu.

Die Vorwerke.

Die gräflichen Vorwerke in Butjadingen und Stadland waren landwirtschaftliche Grossbetriebe, welche sämtlich von der Rentkammer in Oldenburg aus geleitet wurden. Die Rentkammer war in jener Zeit die Zentralstelle für die gesamte Finanzverwaltung, die ja noch vornehmlich auf den Einkünften des Regenten aus dem Grundbesitz beruhte. Sie führte Lehn-, Zins-, Erb-, Heuer-, Brüche-, Vorwerks-, Butter-, Holz-, Ziegel-, Mühlen-, Getreide- und noch manche andere Register, ohne dass sie — wenigstens bis zu den zwanziger Jahren des 17. Jahrhunderts — eine Jahresrechnung ablegte, oder auch nur kontrolliert wurde, was der gräfliche Rat Christoph Pflug in einer undatierten aber vor 1619 geschriebenen Denkschrift als *„fast schimpflich und verkleinerlich"* bezeichnet. Von der Kammer als der obersten Verwaltungsinstanz wird festgesetzt, welcher Zweig der Landwirtschaft auf den einzelnen Vorwerken betrieben werden soll; ja es wird sogar bestimmt, wie jedes einzelne Grundstück bewirtschaftet werden soll. Desgleichen entscheidet die Kammer über die Verwendung der landwirtschaftlichen Produkte.

Die zweite Instanz bilden der Hofmeister und der Stallmeister. Dem ersten steht die besondere Fürsorge für die Viehzucht und für die zur gräflichen Küche zu liefernden Naturalien zu; der andre hat die Oberaufsicht über die Pferdezucht.

Unter diesen beiden Beamten stehen die Vorwerksverwalter, welche die Aufsicht über die einzelnen Vorwerke haben, die Bücher und Register führen und An- und Verkäufe von Vieh besorgen, sowie alle vier Jahre, bisweilen auch öfter, auf den Vorwerken eine sorgfältige Inventur aufnehmen müssen. In der Regel hat der Vorwerksverwalter neben diesem, seinem Amt, noch eine andre Beschäftigung; in vielen Fällen ist er zugleich Frucht- oder Kornschreiber, d. h. er hat die Aufgabe, über die Naturalabgaben der Bauern Buch zu führen. Vor allem muss er auch die Zehntknechte anweisen und dazu anhalten, dass sie über den eingesammelten Zehnten *„fleissig register und kerbstöcke führen"* [1]). Die Besoldung des Fruchtschreibers bestand anfangs nur in Naturalien, wozu dann später die Einkünfte aus Sporteln traten. Um die Mitte des 17. Jahrhunderts bekam er jedoch schon ein festes Geldgehalt und daneben Naturalien und die Sporteln. So erhält 1657 der Fruchtschreiber Johann Klinger an Besoldung 40 Reichsthlr., an Kostgeld 49 Grote pro Woche, dazu 3 Tonnen Roggen, 3 Tonnen Gerste, 2 Schweine, 6 Gänse, 20 Hühner und 200 Eier, ausserdem für einen Diener 43 Grote wöchentlich und für einen Boten zum Eintreiben der Gefälle 40 Reichsthlr., ferner an Sporteln von den Unterthanen für jede Quittung über bezahltes Pachtgeld 4 Grote, wenn Grundstücke im Erdbuch auf einen andern Namen übertragen oder wenn Weinkauf bezahlt werden soll, 6 Grote vom Jück u. s. w. Gewöhnlich muss der Kornschreiber bei Antritt seines Amtes eine Kaution von 500 bis 600 Reichsthlrn. stellen. Ist der Kornschreiber zugleich Vor-

---

[1]) Vgl. die Instruktion für Kornschreiber a. a. O. L. A. Tit. V Nr. 32.

werksverwalter, so erhöht sich sein Gehalt etwas. Genaue Nachrichten darüber sind nicht aufzufinden. Es kommt auch vor, dass ein Oberverwalter, welcher sämtliche Vorwerke zu inspizieren hat, eingesetzt wird. So wird im Jahre 1611 Johann Honrichs zum Verwalter und Inspektor sämtlicher Vorwerke in der Grafschaft Oldenburg ernannt. Er erhielt dafür: einen Freitisch bei Hof, die Nutzung einiger Grundstücke, anstatt einer Kleidung 10 Reichsthlr., einen Schlachtochsen, Hafer für ein Dienstpferd und freies Futter für eine Anzahl Vieh.

Der technische Leiter des Vorwerks ist der Vorwerksmeier. Seine Stellung ist nicht besonders hoch, er hat lediglich nach den Anweisungen, die er von der Kammer, vom Hof- oder vom Stallmeister, oder auch vom Verwalter bekommt, zu handeln, kann also nicht selbständig wirtschaften. In einem Aktenstück wird er zum Gesinde gerechnet. Nach einer Instruktion vom Jahre 1656 muss er, um nur einige seiner Obliegenheiten anzuführen, vor allem das Gesinde gut beaufsichtigen und, um ein gutes Beispiel zu geben, abends zuletzt zu Bett gehen und morgens zuerst aufstehen. Sind Reparaturen zu machen, so muss er sofort dem Verwalter oder bei wichtigeren Vorkommnissen der Kammer Mitteilung machen. Vor allem muss er der Pferde- und Viehzucht die grösste Sorgfalt zu teil werden lassen. Alljährlich hat er der Kammer genauen schriftlichen Bericht zu erstatten, wie jedes Stück bewirtschaftet worden ist, wieviel Pferde und Vieh geweidet worden sind, was produziert worden ist. Ohne Genehmigung seiner Vorgesetzten darf er kein Land aus dem Grünen brechen. Auch über Aussaat und Ernte hat er jedes Jahr schriftlichen Bericht zu erstatten, wie überhaupt über alles, was er an Geld, Früchten, Heu, Stroh, Vieh, Pferden und anderem mehr empfängt und ausgibt. Ueber alle Einzelheiten des landwirtschaftlichen Betriebes gibt die Instruktion genaue Vorschriften.

Der Meier enthält neben freier Kost und Wohnung eine feste Geldbesoldung, sowie die Nutzung eines kleinen Ackerstückes. Auch darf er einige Stück Vieh halten und auf dem Vorwerkslande weiden lassen. Das Hausgerät muss er in der Regel bei Antritt der Stelle selbst stellen. Die Arbeiten auf dem Vorwerk werden teils von dem Gesinde[1]), teils von den hofhörigen Unterthanen besorgt. Die letzteren müssen pflügen, mähen, ernten, Heu und Frucht einfahren, dreschen, im Torfmoor Torf graben und einfahren, Naturalien nach Oldenburg, oder wohin es ihnen befohlen wird, schaffen und dergleichen mehr.

Auf den Vorwerken wurde, wie schon erwähnt, vor allem die Vieh- und Pferdezucht, daneben aber auch ein nicht unbeträchtlicher Getreidebau getrieben. Ueber die Viehzucht auf den Vorwerken haben wir archivalische Quellen, welche zwar recht unvollständig sind, aus denen wir aber immerhin ein ziemlich anschauliches Bild der Verhältnisse gewinnen können. So lässt sich mit Bestimmtheit eine ausserordentliche Zunahme der Intensität des Betriebes in der ersten Hälfte des 17. Jahrhunderts gegenüber der Zeit der Grafen Johann XVI. und Anton I. nachweisen. Wir bemerken, dass während der Zeit Anton Günthers die Zahl der auf den Vorwerken geweideten Tiere, sowohl der Pferde, wie auch des Rindviehs, der Schafe und der Schweine im Verhältnis zur beweideten Fläche stetig zunimmt. Die ausführlichsten Nachrichten haben wir über das Vorwerk Wittbeckersburg. Dort wurden im Jahre 1647 gebraucht zum Weiden 204 Jück, zum Mähen 189 Jück und zum Pflügen 72 Jück. Von den Ländereien des Vorwerks Ovelgönne wurden in demselben Jahre gebraucht

---

[1]) Die Dienstbotenlöhne waren damals recht niedrig. Nach einer Rechnung des Vorwerks Wittbeckersburg, über welches wir die meisten Nachrichten haben, erhielten dort im Jahre 1583 ausser Kost und Wohnung:

eine Käsemagd . .	7 Reichsthaler		
„ Spinner'sche .	6 „		
9 gemeine Mägde je	5 „	und 18 Grote zum Gottespfennig.	
1 Fuhrknecht . . .	8 „	Jeder für Leinwand 54 Gr.	
2 Knechte je . . .	7 „	u. zum Gottespfennig 18 „	
1 Schweineknecht .	4 „		
3 weitere Knechte je	3 „		und zum
1 Laufjunge . . .	3 „		Gottespfennig
1 Schweinejunge . .	2 „	48 Gr.	jeder 12 Grote.
1 Junge	1 „	36 „	

als Weideland 412 Jück, als Mähland 292 Jück und zum Fruchtanbau nur 2 Jück. Vorhanden waren in jenem Jahre auf beiden Vorwerken 299 Pferde, 371 Stück Rindvieh, 82 Schweine und 43 Schafe. Einige Jahre später wurden auf derselben Fläche 333 Pferde, 354 Stück Rindvieh, 109 Schweine und 68 Schafe gezählt. Dabei waren die einzelnen Weiden sehr stark besetzt, verhältnismässig stärker als heutzutage. So weideten 1648 auf 153 Jück Land 165 Stück Rindvieh, auf 73 Jück 9 Pferde, 141 Schweine, 50 Schafe und 70 Gänse. Das Vorwerk Hayenschloot hat 1624 38 Pferde und 167 Stück Rindvieh (davon bei den Unterthanen in Winterfütterung 28 Pferde und 69 Stück Rindvieh), sechs Jahre später bereits 53 Pferde und 361 Stück Rindvieh (davon bei den Unterthanen in Winterfütterung 158 Stück Rindvieh). Daneben waren grosse Mengen von Schweinen und Schafen vorhanden. Ueber den Viehbestand anderer Vorwerke noch die folgenden Zahlen: Im Jahre 1624 waren auf Inte 27 Pferde, 169 Stück Rindvieh (davon in Winterfütterung bei den Unterthanen 117 Stück Rindvieh), ferner 111 Schweine, 89 Schafe, 24 Gänse. In demselben Jahre zählte man auf dem Vorwerk Blexersand 19 Pferde, 124 Stück Rindvieh, 69 Schweine, 25 Schafe, 22 Gänse.

Ueber den Umfang des Getreidebaus stehen genaue Zahlen nicht zu Gebote. Getreide wurde aber, wie wir mit Bestimmtheit erkennen können, nur so viel gebaut, als die gräfliche Hofhaltung und die Vorwerkswirtschaft beanspruchten, nur in ganz seltenen Fällen wurde Getreide von den Butjadinger Vorwerken verkauft. Um die Mitte des 17. Jahrhunderts wurde sogar auf Anordnung des Hofmeisters Korn, namentlich Gerste von anderen mehr Getreidebau treibenden Gütern des Grafen auf die Butjadinger Vorwerke gebracht, um zur Schweinemast verwendet zu werden. Desgleichen wurden Roggen und Bohnen, sowie Milch zur Schweinemast gebraucht. Man pflegte für ein Schwein zwei Tonnen Gerste zu rechnen. Auch die zu mästenden Schlachtochsen erhielten damals Getreidefutter. In der oben erwähnten Instruktion von 1656 wird angeordnet, dass das Getreide nur in geschrotenem oder gemahlenem Zustande verfüttert werden darf. Es geht aus alledem hervor, dass die Verfütterung von Getreide in das Vieh in den Jade- und Wesermarschen nicht, wie vielfach behauptet wird, eine Neuerung unserer Tage ist, sondern schon vor zweieinhalb Jahrhunderten wenigstens auf den gräflichen Vorwerken üblich war. Alle diesbezüglichen Stellen sind jedoch nur in Aktenstücken aus der Mitte des 17. Jahrhunderts vorhanden, in früherer Zeit findet sich nichts dergleichen. Da nun, wie wir oben gesehen haben, die Intensität der Viehwirtschaft insofern zugenommen hat, als die einzelnen Weiden gegen die Mitte des 17. Jahrhunderts hin mit einer von Jahr zu Jahr wachsenden Anzahl Vieh besetzt worden sind, so liegt die Vermutung nahe, dass man durch die starke Vermehrung des Viehstandes veranlasst worden ist, die Verfütterung von Getreide einzuführen.

Die animalischen Produkte der Vorwerke wurden folgendermassen gebraucht: Die von den Kühen gewonnene Milch wurde zu Butter und Käse verarbeitet, welche teils in der Hofhaltung verbraucht, teils verkauft wurden. Die entfettete Milch wurde zur Fütterung von Schweinen und Kälbern mit benutzt. Ueber die Butterproduktion fehlen uns brauchbare Zahlen, dagegen sind über Käselieferungen im Jahre 1624 einige Zahlen vorhanden. Danach wurden nach Oldenburg geliefert:

vom Vorwerk Inte	. . . .	40 673	Pfund Käse
„ „ Blexersand	.	22 239	„ „
„ „ Hayenschloot	.	27 864	„ „
Im ganzen von den drei Vorwerken		90 776	Pfund Käse

im Werte von etwa 4085 Reichsthalern.

Zur Hofhaltung wurden ferner geliefert grosse Mengen von Geflügel, wie Gänse, Enten, Hühner, Kapaunen, Indians, Tauben, ferner Fische, die in den Gräben und Teichen in Massen gezüchtet wurden, ausserdem Eier, Leinwand und was sonst erzeugt wurde.

Das Hauptprodukt der Vorwerke war aber das Vieh.

Die Produkte waren ursprünglich nur für den Gebrauch in loco palatii bestimmt. Obgleich man nun bei Hof Unmassen dieser Produkte verzehrte, so wurde doch bald mit der Zunahme des gräflichen Grundbesitzes, trotz dieses grossen Verbrauchs in der Hofhaltung, und trotzdem die Beamten und Diener einen grossen Teil ihres Lohnes in Naturalien erhielten, viel mehr produziert, als man gebrauchen konnte, und da begann denn der Verkauf der Produkte.

Schon Anton I. betrieb einen ausgedehnten Viehhandel nach dem Rheinland; schon er begnügte sich nicht mit dem auf seinem Grund und Boden gezüchteten Vieh; er verkaufte daneben viel gepfändetes Vieh; er schuf auch jenes „Vorkaufsrecht", durch welches er den Einwohnern unmöglich machte, ihr Vieh zur gewohnten Zeit an die das Land besuchenden Händler abzusetzen, um es nachher selbst zu jedem Preise von ihnen zu erlangen und weiter zu verkaufen. Unter Anton Günther nahm dann der gräfliche Viehhandel ausserordentliche Dimensionen an. Von dem auf den Vorwerken gezüchteten Vieh wurden die besten und fettesten Exemplare zunächst für die Hofküche ausgesondert. Der Verbrauch daselbst belief sich beiläufig in den Jahren 1654—58 durchschnittlich im Jahr auf nicht weniger als 149 Stück Rindvieh und 770 Schweine [1]. Ausserdem wurden noch die Deputat- und die „Schenk-" oder „Verehrungsochsen" oder -Schweine ausgesondert. Das „Verehrungsvieh" gelangte als Zeichen besonderen Wohlwollens des Grafen an Standespersonen, die zu Besuch da waren, ferner an Sänger, Maler und Bildhauer etc., von denen immer welche am Hof weilten. Wahrscheinlich wurden Ochsen und Schweine da geschenkt, wo Pferde zu kostbar oder für den Betreffenden zu wenig nützlich waren; Gesandte und hohe Militärs erhielten immer das traditionelle Pferdegeschenk. Die Zahl der „Deputat- und Verehrungsochsen" war keineswegs gering; im Jahre 1659 wurden allein von den Butjadinger Vorwerken 111 Stück Rindvieh zu diesem Zweck geliefert.

Graf Anton Günther, der ausser im Oldenburgischen auch noch in den benachbarten Ländern, ja sogar in Dänemark grosse Mengen von Vieh, meistens Ochsen, aufkaufen liess, hatte u. a. in Hamburg, Köln, Frankfurt a. M. und Amsterdam eigene ständige Beamte, „Faktore" genannt, welche den Ver-

---

[1] Tischordnungen aus der Zeit Anton Günthers zählen 200 bis 800 Personen auf, welche täglich bei Hof gespeist wurden.

kauf zu leiten hatten. In der Regel wurde das Vieh in jenen Städten, selten in Oldenburg verkauft. Es war während der Wirren des Dreissigjährigen Krieges für einen Kaufmann nahezu unmöglich, einen Viehtransport ungefährdet von Oldenburg in seine Heimat oder an den Markt zu bringen. Leichter fiel es schon dem Grafen, der im stande war, die nötige Zahl von Bewaffneten zum Begleiten der Transporte zu stellen und der vermöge seiner neutralen Stellung nicht unschwer von den Heerführern Pässe erhielt. Erst nach Beendigung des Dreissigjährigen Krieges kamen die Viehhändler wieder nach Oldenburg, um an Ort und Stelle nicht allein vom Grafen, sondern auch von den Bauern vor allem Butjadingens zu kaufen, was von der gräflichen Regierung nicht gerade gern gesehen wurde, wie die verschiedenen in der Folge getroffenen Prohibitivmassregeln beweisen, durch welche den Viehhändlern der Handel erschwert wurde. Dem Grafen hatte aber bis dahin sein Monopol goldene Früchte gebracht. Wir müssen es uns leider versagen, an dieser Stelle näher auf diesen interessanten Stoff einzugehen.

Neben der Viehzucht war von grosser Bedeutung die Pferdezucht, welche unter Anton Günther einen grossen Aufschwung nahm. Unsere berühmte oldenburgische Rasse entstand in jener Zeit durch rationelle Züchtung. In ganz Europa waren damals die oldenburgischen Pferde berühmt, und jeder Potentat trachtete danach, einige Exemplare in seinem Stall zu haben[1]). Nach dem Tode Anton Günthers kam dieser Zweig der Landwirtschaft etwas in Verfall, die Pferde verloren an Qualität und damit an Berühmtheit. Erst den Landwirten unserer Tage ist es gelungen, unterstützt durch eine weise Gesetzgebung, wieder ein edles Rassepferd zu produzieren, welches dem des 17. Jahrhunderts an Qualität kaum nachstehen wird. Graf Anton Günther scheint die Pferdezucht mehr aus Liebhaberei, als um des Gelderwerbs willen betrieben zu haben. Ueber einen ausgedehnten Handel mit Pferden ist in den Archivalien nichts zu finden. Man müsste sich denn auf Halem verlassen, welcher berichtet[2]), dass jährlich an die

---

[1]) Halem II 500.
[2]) Halem ibid.

5000 Pferde nach Flandern, Frankreich, Italien und anderen Ländern ausgeführt worden seien. Diese Zahl scheint aber die Ausfuhrproduktion des ganzen Oldenburger Landes zu bezeichnen, nicht die der Vorwerke allein. Ein grosse Anzahl der gezüchteten Pferde wurde vom Grafen verschenkt. Das beweist ein Verzeichnis der in der Zeit von 1625—1664 aus dem gräflichen Marstall abgegangenen Pferde, welches angibt:

als verschenkt 3745 Pferde im Wert von 389 151 Reichsthalern

„ „ 744 „ „ „ „ 134 579 „

welche während des Dreissigjährigen Krieges zu des Landes Besten verschenkt worden sind.

als verkauft 381 Pferde im Wert von 40 510 „

Im ganzen 4870 Pferde im Wert von 564 240 Reichsthalern.

Damit sind wir mit der Betrachtung der Bewirtschaftung der Grossbetriebe zu Ende gekommen, und es bleibt, bevor wir zur Besprechung des vermeierten Grundbesitzes übergehen, nur noch eine merkwürdige Thatsache zu erwähnen. Während nämlich anfangs alle Vorwerke in Selbstbewirtschaftung waren, trat während der Regierung Anton Günthers, zumal in der zweiten Hälfte derselben, eine allmähliche Verkleinerung der selbstbewirtschafteten Fläche insofern ein, als Teile verpachtet und später auch verkauft wurden. So ist von den in dem zu Anfang dieses Verzeichnisses vom Jahre 1648 aufgezählten 6944 Jück um jene Zeit nicht einmal mehr der dritte Teil in Selbstbewirtschaftung. Welche Gründe zur Verpachtung und später auch zum Verkauf geführt haben, ob es das steigende Bedürfnis des Grafen nach festen Geldeinnahmen oder vielleicht eine Unrentabilität des Grossbetriebs war, ist nicht zu entscheiden. Auf das letztere scheinen die im Archiv vorhandenen eingehenden Berechnungen aus jener Zeit hinzudeuten, was die Vorwerke brachten, bezw. bringen würden: 1. selbst bewirtschaftet, 2. verpachtet, 3. verkauft.

Welche wichtigen Folgen diese Abnahme der in Selbstbewirtschaftung stehenden Fläche für die hörigen Bauern hatte, werden wir weiter unten sehen.

Das „Herrenland" oder der zinsende Grundbesitz.

Ueber die Bewirtschaftung des zu Meierrecht ausgegebenen Landes, des „Herrenlandes", können wir uns kurz fassen, da wir bereits eine Menge Einzelheiten kennen gelernt haben.

Der Meier hat im allgemeinen dieselben Pflichten und Lasten[1]) dem Grundherrn gegenüber wie der auf dem eigenen

---

[1]) Eine ausführliche Zusammenstellung der Lasten eines Meiers enthält das „*Strukhauser vogtei manzahlt register, wie dieselbe von alters hero bei teich und dämmen, mit pferd wagen und personen zu dienen verordnet, neben bericht wie sie ietzo im beschlage und was dieselbe zu verrichten und zu geben schuldig sein.*" Strückhausen gehörte streng genommen nicht zu Butjadingen und Stadland, aber wir können doch den Inhalt des Registers hier wiedergeben, die Verhältnisse lagen in der Strückhauser Vogtei ähnlich wie dort. Das Register stammt aus einer Zeit, in welcher schon manche Lasten abgeschafft (1656), andere in Geldabgaben verwandelt waren. Nach ihm hat Johann Hennings 60 Jück Herrenland in Gebrauch und hat folgendes zu leisten:

1. ist mit einen wagen 2 personen wan geteichet wird zu dienen schuldig.

2. Jährlich ein pferd zu futtern oder an dessen statt 3 thaler à 55 gr. zu geben.

3. Den dritten und zehenden so wol von mohr als kleiland, hat gedungen das er an seiner frucht gibt jährlich: rogken 9 tonnen, gersten 10 to., bohnen 2 to., haber 10 tonnen; gibt den fruchtschreiber 6 grot schreibgeld, zwo fuder streustroh, 20 schöfe.

4. Rentmeister kuheschatz 70 gr., knechtegeld 2 Rchsth. 28½ gr. denselben schreibgebhür 6 gr.

5. Felt ein weinkauf auf einen mänlichen erben, gibt von jedes jück landes 2 Rt. — 120 Rt.; einen frembden — 120 Rt. consensgeld ebensoviel 120 Rt. ohne rentensmeisters schreibgebhür 10 Rt. pro centam.

6. Ein zinsschwein, ein fastnachtshuhn.

7. Zehen fuder torf in's vorwerk wittbeckersburg zu liefern.

8. Wan die fuhr an ihn ist von der Oevelgon zu fahren, spannt er mit seinen nachbahr zusamen.

9. Ist auch schuldig wie alle andern die graft zu Ovelgon so weit man mit einer loth reichen kan zu reinigen und 24 fuess zu eisen — den wall mit zu meihen.

10. Umbs dritte jar korn mit zu schuppen.

11. Im gleichen den wall zu Oldenburg mit zu unterhalten und die graft zu reinigen.

Auf der Harrier-Barke pro quota das zolhaus in tach und fach zu unterhalten helfen.

Grund und Boden wohnende, aber gutsunterthänige Bauer. Ausserdem muss dem Grundherrn eine bestimmte jährliche Heuer und bei Veränderungen in der Person des Meiers das Laudemium (Weinkauf genannt), dessen Höhe sich nach der Jückzahl des benutzten Landes richtet, und endlich ausser dem Zehnt noch hie und da der Dritte entrichtet werden. Neben dem Grosszehnt wird später noch an einzelnen Stellen, aber nicht allein bei den Meiern, sondern auch bei den Bauern, wahrscheinlich da, wo fast ausschliesslich Viehzucht und wenig Getreidebau getrieben wurde, eine Art Blutzehnt gefordert, denn die Zehntrechnungen führen regelmässig eine bestimmte Zahl von gelieferten Schweinen mit auf.

Die Art der Bewirtschaftung des ihm überlassenen Bodens scheint dem Meier freigestellt gewesen zu sein. Er konnte bauen und züchten, was er wollte, wenn er nur die Abgaben und die Heuer richtig bezahlte und die Frondienste gehörig leistete. Erst als der Zehnte fixiert wurde und das geschah, wie wir später sehen werden, in Butjadingen und Stadland sehr früh, wurde er an eine bestimmte Form der Bewirtschaftung gebunden. Er musste ebenso wie die übrigen zehntpflichtigen Bauern jahraus jahrein dasselbe bauen, um immer die fixierte Menge Getreide liefern zu können, falls er es nicht vorzog, oder wenn er nicht im stande war, zu

---

13. Das vorwerk wittbeckersburg mit zu bedienen oder da es verheuert wird von iedes jück 6 grot dienstgelt zu geben macht 5 Rt.

14. Brieffe tragen, hengste trecken, gefangene warten.

15. 3 personen in die jagt zu schicken.

16. 2 personen in die harnisch schauung [Musterung] zu schaffen.

17. Teiche, wege, stege zu unterhalten, sieltief zu machen ...

18. Kirche, glockthurmb, pastor's, küster's ... und schulmeister's [Häuser] zu unterhalten.

19. Pastoris gebhür: jarlich ein scheffel rogken, ein brodt, 6 Pfd. butter, milch einmhal im jar von allen kühen ... [alle Amtshandlungen sind besonders zu bezahlen].

20. Cüsters gebhür jarlich ein stück fleisch, halbe gans oder schweine kähle, ein brodt, ein scheffel haber, 12 eier ... [Amtshandlungen besondere Gebühren].

21. Voigt's gebhür: die milch von allen kühen einmal im jar ... (muss auch den Voigt fahren).

22. Gibt wochentlich an hülfgelder 35 grote $1^1/_2$ schwar ..."

intensiverer Kultur überzugehen und das Zehntgetreide zu kaufen.

Nicht alle Meier standen zu allen Zeiten in dem beschriebenen Verhältnis zum Grundherrn. Ein Teil derselben hatte zeitweise gewisse Erleichterungen. Wir haben gesehen, dass der grössere Teil des durch Eindeichen gewonnenen Landes zu Meierrecht „ausgethan" wurde. Dieses neue, noch unkultivierte Land bot nun den Besiedlern in den ersten Jahren naturgemäss manche Schwierigkeiten. Aus diesem Grunde, mehr aber wohl, um überhaupt Kolonien heranzuziehen, wurden in den ersten Jahren hie und da gewisse Erleichterungen gewährt. So brauchten, wie aus einer Denkschrift des Drosten von Rüdigheim vom 7. März 1635 hervorgeht, die Schweieraussendeicher anfangs keinen vollen Zehnt und überhaupt keinen Kuhschatz zu bezahlen und hatten zudem ermässigte Frondienste. Später wurden sie den übrigen Meiern gleichgestellt. Dagegen kam es auch vor, dass besonders fruchtbares Neuland nur unter härteren Bedingungen an Meier ausgegeben wurde. Diejenigen, welche z. B. Land auf dem 1590 eingedeichten Hoben als Meier haben wollten, mussten gleich bei der Ausmessung pro Jück 2 Thlr. Weinkauf und einen halben Thlr. „zur Verehrung" geben. Dagegen brauchten sie in den ersten Jahren keinen Kuhschatz zu geben und keine Frondienste zu leisten.

Ferner bestand für die Meier auf dem eingedeichten Land noch eine schon unter Anton I. erlassene wichtige Vorschrift über die Vererbung der „Bau". Starb der Meier, so fiel die Bau an *„denjenigen von den kindern oder nechsten erben, so am besten darzu qualificirt gegen erlegung des weinkaufs und erhöhrten consens"*. Wir haben also hier nicht nur Anerbenrecht, sondern das noch viel weiter gehende Recht des Grundherrn, den Sohn zu bestimmen, welcher den Hof übernehmen sollte. Darin offenbart sich bereits eine recht strenge Form der Unfreiheit.

Das ist alles, was über die Verhältnisse der Meier noch zu sagen ist. Eine Reihe von Einzelheiten haben wir bereits früher kennen gelernt, und auch im Verlauf dieser Untersuchungen werden wir noch weiteren begegnen.

Wenn wir zurückblicken auf die Bewirtschaftung des gräflichen Grundbesitzes in Butjadingen und Stadland, so fällt uns eins auf, das ist die grosse Aehnlichkeit der Wirtschaftsform mit der, welche in Deutschland beim Grossgrundbesitz in dem Zeitraum von der Regierung Karls des Grossen bis zum Beginn der Kreuzzüge allgemein herrschte. Wie damals der Grundherr einen Teil seines Besitzes, die terra salica selbst mit Hilfe von Sklaven bewirtschaftet, so haben hier die Grafen einen Teil ihres Grundbesitzes, die Vorwerke, in Eigenbetrieb und lassen ihn teils durch das Hofgesinde, teils durch die fronenden Bauern bearbeiten. Der Wirtschaftshof auf dem Vorwerk entspricht dem mittelalterlichen Fronhof. Wie im frühen Mittelalter so haben wir auch hier neben dem Saalland das nicht in Selbstbewirtschaftung stehende, sondern an Meier verliehene zinsende und dienende Land (Herrenland). Auf dem übrigen Land ruht die Verpflichtung zu Diensten und Abgaben an den grundherrlichen Landesherrn. Die ehemals freien Bauern, die es bewohnen, sind, nachdem sie erst dem Landesherrn unterthänig gemacht worden sind, von diesem zur Hofunterthänigkeit herabgedrückt worden. Sie unterscheiden sich von den Bauern im frühen Mittelalter nur durch den geringeren Grad der Unfreiheit. Wie dort, so ist auch hier der Grundherr Inhaber aller nutzbaren Rechte in Landwirtschaft und Justiz, zum Teil auch in Handel und Gewerbe.

Aber noch mehr Aehnlichkeiten zwischen den beiden Wirtschaftsverfassungen lassen sich nachweisen. Im frühen Mittelalter geht alles Gesamteigentum in das Sondereigentum des Grundherrn über. Dasselbe ist hier der Fall. Wie ferner damals das durch Roden mit überschüssigen Frondiensten gewonnene Land in den Besitz des Grundherrn kommt, so hier der durch Eindeichungen mit Hilfe von Frondiensten dem Wasser entrissene Boden. Wie damals, so ist auch jetzt das Jagdrecht ein ausschliessliches Privileg des Grundherrn, und, wie früher die Mühlen in sein Eigentum übergehen, so geschieht es auch hier; die Grafen bekommen nach und nach fast alle Mühlen in Butjadingen und Stadland in ihren Besitz, und die Bauern müssen ihr Getreide bei ihnen mahlen lassen; allerdings kommen hier Ausnahmen vor.

In dem Vorwerksverwalter finden wir, zumal, wenn er zugleich Kornschreiber ist, den villicus wieder; und so lassen sich noch manche Analogieen nachweisen. Wir sehen, dass die Grundherrschaft der Oldenburger Grafen in Butjadingen und Stadland nicht eine neue Wirtschaftsform darstellt, sondern gewissermassen eine Wiedergeburt der frühmittelalterlichen Grundherrlichkeit ist.

Die Vorwerke an sich bieten im allgemeinen in ihrer Wirtschaft ein erfreuliches Bild. Auf ihnen steht die Landwirtschaft in hoher Blüte, herrscht eine rationell und mit zunehmender Intensität betriebene Viehwirtschaft, sie sind die Träger des landwirtschaftlichen Fortschritts. Das ist gewiss recht erfreulich. Aber wir dürfen nicht ausser acht lassen, dass dieser Grundbesitz auf Kosten der Bauern erworben ist, und dass in demselben Masse wie die Landwirtschaft auf den Vorwerken blüht, sie auf dem benachbarten Bauernland darniederliegt. Dort intensive Kultur und ein grosser Fortschritt, hier teilweise Verödung und ein furchtbarer Rückschritt. Die unentbehrlichen Produktionsinstrumente zur Ausnützung des grundherrlichen Besitzes sind die zu Hörigen herabgedrückten Bauern; und so erscheint die Grundherrschaft der Oldenburger Grafen als eine prunkvolle Grabstätte der ehemaligen Freiheit der Rüstringer Friesen.

IV.
Die Ansätze zur Bauernbefreiung und ihre Ursachen.

Nachdem wir im vorigen Abschnitt die Bewirtschaftung des gräflichen Grundbesitzes auf dem Höhepunkt ihrer Entwickelung, das ist zur Zeit des Grafen Anton Günther, kennen gelernt haben, wollen wir uns jetzt der Weiterentwickelung der bäuerlichen Verhältnisse in demselben Zeitabschnitt zuwenden. Für die Bauern bricht nunmehr eine neue Zeit an, die sich wesentlich von der bisher betrachteten unterscheidet. Schon der Regierungsantritt des Grafen Anton Günther war von besonderen Umständen begleitet, welche den Bauern wesentliche Verbesserungen ihrer Lage brachten. Der Teilungsstreit mit der Delmenhorster Linie, der unter Graf Johann XVI. begonnen hatte, nahm unter Anton Günther seinen Fortgang, und zwar war es zunächst sein Oheim und nach dessen baldigem Tode sein Vetter Christian zu Delmenhorst, welche Anspruch auf halb Butjadingen und Stadland machten. Dieser Umstand kam den Einwohnern beider Lande sehr zu gute. Der Delmenhorster Graf Anton hatte nämlich nach seines Bruders Tode den Bauern verbieten lassen, Anton Günther zu huldigen. Dieser ging nun, um sich die Bauern geneigt zu machen, auf ihre Klagen ein und schaffte auch wirklich einige Uebelstände ab, was dann wiederum seitens der Bauern, die ja ohnehin gegen eine Teilung der Lande waren, zur Folge hatte, dass sie auf Anton Günthers Seite traten, zumal ihnen dieser auch sympathischer war, als der Delmenhorster.

Aus den neuen Klageschriften der Bauern ersehen wir, dass Graf Johann eigentlich herzlich wenig zur Verbesserung der Lage der Bauern gethan hat. So finden wir in den Gravamina der Jahre 1603 und 1604 noch fast alle früheren Beschwerdepunkte und noch ein gut Teil mehr. Namentlich sind die Frondienste sehr stark vermehrt worden. Zu den Erdarbeiten auf den Vorwerken und bei den Deichen ist jetzt noch hinzugekommen:

1. Der Transport aller möglichen Landesprodukte auf die Vorwerke und nach Oldenburg;
2. das Arbeiten am Festungswall in Oldenburg;
3. die Beihilfe bei der Erbauung und Ausbesserung der dem Grafen gehörenden Mühlen;
4. die Gespanndienste; wer 40 Jück hat, muss mit zwei Pferden und zwei „starken Leuten" dienen.

Ausserdem gibt es noch eine Reihe neuer Lasten. Wird z. B. irgendwo auf Rechnung des Grafen ein Haus oder eine Mühle gebaut, so müssen die Bauern nicht nur, wie oben beschrieben, dabei helfen, sondern auch die dabei angestellten Handwerker, die noch dazu alle möglichen Ansprüche stellen, beherbergen und beköstigen, ohne dass ihnen irgend eine Entschädigung dafür zu teil wird. Die Kinder und das Gesinde der Bauern werden oft von den gräflichen Beamten misshandelt und geprügelt und „haussitzende Männer" wegen geringfügiger Ursache gefangen genommen, gepfändet oder mit Einlagern geplagt. Dazu kommen noch fortwährend steigende Abgaben. Ausser der zu hoch bemessenen Türkensteuer und dem Kuhschatz müssen sie häufig das Knechtegeld, das Schiffgeld, das Ochsengeld, das Schweinegeld und noch manche andere Abgaben entrichten. Eine grosse Belästigung entsteht ihnen ferner durch die strenge Durchführung des grundherrlichen Bannrechtes an der zu Ellwürden aufgestellten Wage. Jeder, der Landesprodukte verkaufen will, muss sie in Ellwürden wiegen lassen und dafür entsprechende Gebühren bezahlen. Das bringt natürlich grosse Störungen des Handelsverkehrs mit sich. Die Bauern müssen oft einen vier- bis fünfstündigen Weg bis Ellwürden machen. Durch die „vielfeltige schatzungen, demmen, teichen und andere fronen und diensten", erklären sie in der Bittschrift vom 25. Juni 1604, *„sind wir dermassen ausgeöset* [ausgeschöpft] *und abgemergelt, dass wir dadurch an unser* *nahrung gentzlich zurügk gesetzet mherenteils an den bettelstab gerathen und uns also kundbarer unvermugenheit halber unmugelich, solche burden lenger zu ertragen."* Noch vor einigen Tagen wären sie mitten während der Ernte plötzlich zum Bau von Festungswällen nach Oldenburg befohlen worden und hätten ihre ganze Ernte, ihr Korn und Heu auf dem Felde verderben lassen müssen. Die Deiche, die so nötig in stand gesetzt werden müssten, blieben ungemacht liegen.

Was das Gericht betrifft, so sind die Versprechungen Johanns XVI. nur unvollkommen erfüllt worden. Die Besetzung mit Aeltesten des Landes neben dem gräflichen Rat und das Urteilen nach geschriebenen Rechten ist immer noch nicht durchgeführt. In den kirchlichen und Schulverhältnissen hat man sich auf die Beseitigung der gröbsten, schreiendsten Missstände beschränkt; Schullehrer sind nur spärlich vorhanden; tüchtige Kräfte sind überhaupt nicht zu bekommen, da die Besoldung zu kärglich ist.

Die Bitten der Bauern erstrecken sich, um kurz zusammenzufassen, auf Linderung der übermässigen Frondienste und unerschwinglich hohen Abgaben, auf bessere Besetzung der Gerichte und auf Regelung der Kirchen- und Schulverhältnisse, so dass wenigstens die grösseren Gemeinden mindestens einen Seelsorger, einen Schullehrer und einen Küster bekommen. Endlich bitten sie um die Erlaubnis, einen „Landesausschuss" einsetzen zu dürfen, dessen Mitglieder zusammenkommen und über des Landes Notdurft beraten sollen.

Graf Anton Günther sendet die Bittschriften zunächst zur Begutachtung nach Ovelgönne an seinen Amtsschreiber Hermann Witfagel. Nachdem dieser alle Wünsche für sehr berechtigt erklärt und dem Grafen geraten hat, er möge zunächst die schlimmsten Uebelstände beseitigen und wegen der anderen die Leute vertrösten, erlässt Anton Günther eine Reihe von Bestimmungen, die für die Bauern äusserst günstig sind. Er verspricht nämlich u. a.:

1. Zur Vermeidung der vielen Weitläufigkeiten zunächst ein Landrecht unter Zuziehung der ältesten Landräte, denen die Gebräuche des Landes in Erb-, Sterb- und andern Fällen gut bekannt, publizieren zu wollen;

2. Beschleunigung des Verfahrens in peinlichen und bürgerlichen Rechtssachen und die Abhaltung regelmässiger Gerichte in Ovelgönne;

3. die „haus und zum rechten gesessenen" Unterthanen dürfen hinfort ohne besonderen Befehl nicht ins Gefängnis nach Ovelgönne gebracht werden, ausser wenn sie eines Verbrechens beschuldigt sind;

4. der Bestechlichkeit der Beamten soll vorgebeugt werden, sie dürfen nicht die geringste „gift oder gabe" annehmen bei Verlust ihrer Stellungen;

5. es soll keiner von den Beamten das Recht haben, ohne des Grafen Wissen und Zustimmung auf dem Lande belegene Güter „an sich zu bringen";

6. die Fütterungspflicht soll fortfallen; kein Unterthan soll fortan verpflichtet sein, Vieh des Grafen ohne Entschädigung in Stallung oder Weide zu nehmen;

7. für die elternlosen, unmündigen Kinder soll durch Vormundschaften gesorgt werden;

8. in den nächsten drei Jahren sollen die Einwohner mit Deichfronen verschont werden.

Der Erfolg dieser Versprechungen war der, dass die Bauern sich noch entschiedener auf die Seite des ihnen anscheinend so gnädig gesinnten Anton Günther stellten. Sie sandten sogar im Juni ein Schreiben an den Braunschweiger Herzog, in welchem sie erklärten, dass sie nie und nimmer in eine Teilung der Lande einwilligen und *„solchen unheil und unglück mit zeitlichem rate und schwerer unverdrosserer arbeit wehren"* würden. Eine Teilung fand denn auch nicht statt; nach langem Streiten schloss Anton Günther im Jahre 1633 mit seinem Gegner einen Vergleich, worin dieser seinen Anspruch auf halb Butjadingen und Stadland aufgab und dafür ausser verschiedenen Nutzungen und Geldentschädigungen das Land Währden erhielt. Als dann 1647 mit Christian IX. die männliche Linie des Delmenhorster Grafenhauses ausstarb, wurde das Gebiet beider oldenburgischen Linien wieder in einer Hand, der Anton Günthers, vereinigt.

Die Bauern haben von ihrer energischen Parteinahme manche Vorteile gehabt. Die 1604 versprochenen Verbesserungen stehen in einem merkwürdigen Gegensatz zu der früheren Zeit. Wenn man beim Studium der Akten und Urkunden an die Zeit des Regierungsantritts des Grafen Anton Günther kommt, so atmet man unwillkürlich erleichtert auf. Endlich nach all den düsteren, schrecklichen Bildern ein erfreuliches, endlich nach rohen, in ihrem Egoismus rücksichtslosen Tyrannen ein menschenfreundlicher Herrscher. Aber je weiter man dann in die folgende Zeit vordringt, in desto höherem Masse muss man einsehen, dass die Freude verfrüht war; die ferneren Handlungen des Grafen und sein weiteres Verhalten den Bauern gegenüber bereiten grosse Enttäuschungen. Man gewinnt immer mehr die Ueberzeugung, dass Anton Günther nicht etwa aus „christmilter" Gesinnung den Unterthanen die Verbesserung ihrer Lage versprochen hat, sondern lediglich, um sie auf seine Seite zu bringen und so ein Uebergewicht in dem Erbteilungsstreite zu bekommen.

Im Jahre 1606 nimmt der junge 23jährige Graf bereits eine ganz andre Stellung zu den Bauern ein. Wir sehen aus den zahlreichen Bitt- und Klageschriften dieses und der folgenden Jahre, dass die Versprechungen nur zum Teil und nur unvollkommen erfüllt worden sind. In der folgenden Zeit wird die Lage der Bauern statt besser sogar schlimmer. Die Zahl der Armen wächst fortwährend; viele Bauern müssen ihre Häuser verkommen und verfallen lassen, weil ihnen die Mittel fehlen, sie in Stand zu halten. Nicht wenig tragen zur Verschlechterung der Lage die letzten, für die landwirtschaftliche Produktion äusserst ungünstigen Jahre bei. Sturmfluten hatten an der Wende des Jahrhunderts mehrmals die Deiche gebrochen, und das eindringende Salzwasser hatte nicht nur damals Saat und Ernte vernichtet und unter dem Vieh aufgeräumt, sondern auch den Boden auf Jahre hinaus unfruchtbar gemacht und die Ab- und Bewässerungsanlagen ruiniert. Alle die schrecklichen Folgen der Sturmfluten, die wir schon an anderer Stelle kennen gelernt haben, hatten sich auch hier fühlbar gemacht. Früher, als sie noch frei waren, hatten die Bauern, wenn einmal solche Katastrophen hereingebrochen waren, was allerdings seltener vorkam, da die Deiche sorgfältig in Stand gehalten wurden, den Boden bald wieder in

Ordnung bringen können; mit Spaten und Hacke hatten sie ihren alten Erbfeind, das Wasser, vom Lande getrieben und binnen kurzem den Boden ertragreich gemacht. Jetzt konnten sie das nicht mehr. Nicht nur der Zehnt stand ihnen im Wege; sie hatten überhaupt dazu weder Zeit noch Geld. Mit ihrem Körper mussten sie so harte Frondienste leisten, dass ihnen kaum noch Zeit blieb, für ihren nötigsten Lebensunterhalt zu sorgen. Infolge der schlechten Jahre konnten viele bald ihre Abgaben nicht mehr bezahlen, und so gerieten sie bei dem Grafen in immer tiefere Schulden, aus denen jemals herauszukommen sie nicht hoffen konnten.

Nehmen wir einmal an, Anton Günther habe wirklich die gute Absicht gehabt, die Lage der Bauern zu verbessern, was freilich bei einem kleinen Landesherrn zu Anfang des 17. Jahrhunderts, der zugleich der einzige Grundherr[1]) ist, eine etwas gewagte Annahme ist, so stellten sich der Ausführung der guten Absichten so viele Hindernisse in den Weg, dass sie schon sehr fest und bestimmt gefasst sein mussten, um überhaupt zur Durchführung zu gelangen.

Da waren zunächst die gräflichen Beamten, vor allen die Vögte und ihre Diener. Bei diesen war seit Anton I. eine schreckliche Korruption eingetreten. Sie benutzten fast durchweg ihre Stellungen, um in möglichst kurzer Zeit möglichst viel Gewinn daraus zu ziehen. In diesem Bestreben wurden sie unterstützt dadurch, dass sie keine festen Gehälter bezogen, sondern etwas Land hatten und im übrigen auf die Einnahmen aus Gebühren und Sporteln angewiesen waren. Wenn sie ihrer Gier, sich zu bereichern, auch nicht unter den Augen des Grafen folgen durften, so thaten sie es hinter seinem Rücken desto mehr. Sie konnten am meisten bei schlechten, rechtlosen Verhältnissen gewinnen, und so waren sie es auch, welche die Durchführung der Verordnungen erschwerten, ja manchmal ganz vereitelten.

Daneben fällt noch ein anderer Umstand ins Gewicht. Als bei Anton Günthers Regierungsantritt bekannt wurde, dass er reich war, kamen von allen Seiten Grafen und Fürsten, um

---

[1]) In Butjadingen und Stadland.

Geld von ihm zu leihen, und der junge 20jährige Graf kam ihren Wünschen häufig nach. So wusste auch der damalige deutsche Kaiser Rudolf II. ein Darlehen von 50 000 Reichsthalern von ihm zu erlangen [1]). Die gräfliche Kasse wurde dadurch ziemlich stark mitgenommen, und das Land musste in den beiden folgenden Jahren 1605 und 1606 an Türkensteuer die Summe 28 201 Reichsthalern 42 Gr. aufbringen [1]). Das hielt den Grafen nicht ab, grosse, kostspielige Reisen zu unternehmen, wie es derzeit bei den jungen Fürsten die gute Sitte erforderte [2]). Das alte Schloss seiner Väter musste einem neuen prächtig eingerichteten Bau weichen, die alte Einfachheit einem glänzenden Hofleben.

Das alles kostete Geld und immer wieder Geld. Und wer musste es bezahlen? Natürlich die Unterthanen. Da konnte der Graf nicht auf die übermässigen Frondienste, die Durchfütterung der Herrenbeester und dergleichen Lasten mehr verzichten. Da konnte keine Verbesserung im Kirchen- und Schulwesen stattfinden, etwa in der Weise, dass von dem eingezogenen Gemeingut ein Teil wieder herausgegeben wurde. Das alles hätte ja eine Schmälerung der Einkünfte des Grafen bedeutet. Darauf besann man sich auch nur zu bald, liess die durch den Teilungsstreit bedingten unbequemen Versprechen Versprechen sein und kümmerte sich nicht weiter darum.

Vom Jahre 1606 an werden dann alle Gravamina der Bauern immer weniger berücksichtigt. Man verspricht wohl Untersuchung dieses oder jenen Falles, Verbesserung da und dort, aber meistens kommt herzlich wenig dabei heraus. Charakteristisch für diese Politik ist eine Resolution Anton Günthers vom 21. Oktober 1606, die den Bauern zwar viele gute Worte gibt, aber so gut wie keine Linderungen ihrer Not bringt. Das einzige, was erlangt wird, ist das Versprechen der Verbesserung in der Rechtspflege; doch mit der Ausführung desselben hat es noch gute Weile.

Am schlimmsten scheint es, nach den Klageschriften zu urteilen, den Meiern zu Hayenschloot und Stollhamm gegangen

---

[1]) Halem II 224.
[2]) Halem II 285.

zu sein. Bei ihnen wurde zeitweilig ausser dem zehnten auch der dritte Hocken erhoben. In einer Bittschrift vom Jahre 1606 finden wir zum ersten Mal die Klage über das „freie Land", die in der Folge immer häufiger wiederkehrt. Wir werden später noch darauf zurückkommen.

In den nächsten Jahren bleibt alles beim alten. In der Lage der Bauern tritt keine Veränderung ein. Der Graf weilt viel auf Reisen. Erst das Jahr 1616 bringt einen Fortschritt. Man will den Bauern eine schwere Kontribution von 36 Grote pro Jück Grundbesitz auferlegen. Da man annimmt, dass sie gutwillig eine so hohe Steuer nicht zahlen werden, wendet man wieder das alte erprobte Mittel an; man macht ihnen allerhand Versprechungen, die aber in der Hauptsache in Wiederholungen der schon zehn Jahre früher gemachten, aber nicht erfüllten Versprechen bestehen. Neu sind nur die letzten Punkte des betreffenden Erlasses, darunter bedeutungsvoll der, in welchem der Graf verspricht, in Erwägung ziehen zu wollen, ob nicht alle Hof- und Vorwerksdienste gegen jährliche feste Geldabgaben erlassen werden könnten. Ferner wird gegen den Wucher bestimmt, dass niemand mehr als 8—9 % Zinsen nehmen darf. Alle Kontrakte, deren Gegenstand mehr als 50 Reichsthaler wert ist, sollen fortan gebührenfrei auf dem Amte in Ovelgönne protokolliert werden. Auf Totschlag wird die Todesstrafe gesetzt; hat der Thäter aber mildernde Umstände für sich, so soll auf hohe Geldbussen oder auf Güterkonfiskation erkannt werden. Im letzteren Falle soll aber immer nur die Hälfte des Besitzes eingezogen werden, während die andere Hälfte der Frau und den Kindern des Thäters verbleibt. Wir sehen, die Rechtsanschauungen haben sich seit Anton I. sehr geändert. Endlich soll noch aus den Einkünften des ehemaligen Kirchengutes ein Hospital zu Hofswürden erbaut werden.

Vielen Wert können wir diesen Versprechungen nicht beilegen, wir wissen ja, wie schlecht sie früher gehalten worden sind, und der weitere Verlauf der Geschichte lehrt uns, dass auch diese nur zum geringen Teil erfüllt worden sind. Wenn es trotzdem immer ziemlich ruhig im Lande bleibt, so kommt das daher, dass die Einwohner allmählich an einer Verbesserung ihrer Lage verzweifeln und schliesslich stumpf und teilnahmlos dahinleben. Doch nicht alle; einzelne Einwohner, vornehmlich solche, die noch etwas mehr besitzen als die grosse Masse, versuchen auf andere Weise ihr Schicksal umzugestalten: sie wenden sich an die Beamten.

Wir haben bereits oben erfahren, dass die Beamten, vor allen die Vögte und Untervögte, kein festes Geldgehalt bezogen, sondern ein Stück Land und die Einnahmen aus Gebühren und Sporteln hatten. Dieses ihr Land war frei von allen Lasten und Diensten; ja, die Verwaltungsbeamten beanspruchten diese Freiheit bald auch für das Land, welches sie hinzuerwarben, das heisst, sie machten es einfach stillschweigend frei. Mit der Zeit nahmen diese Befreiungen überhand, und schon die Verordnung vom 22. November 1616[1]) verbot den Beamten, ohne gräflichen Konsens auf dem Lande belegene unbewegliche Güter an sich zu bringen, weil dadurch die Dienstpflichten der nicht freien Unterthanen zu stark vermehrt würden. Diese Verordnung hatte nur den Erfolg, dass die Entwickelung in andere Bahnen gelenkt wurde. Die Vögte schränkten die Befreiung ihres zuerworbenen Landes ein, aber sie fingen an, das Land von Bauern, die ihnen entsprechende Geldzahlungen machten, von Dienst- und Fütterungspflicht zu befreien; und allmählich wurde hieraus ein Gewohnheitsrecht der Verwaltungsbeamten. Wie fest sich dieses einbürgerte, und wie daraus ein anerkanntes Recht der Beamten geworden ist, geht aus einem Aktenstück von 1567, dem Schreiben eines gräflichen Beamten hervor, in welchem behauptet wird, die Beamten und Vögte hätten „stad salary" ihre Freien gehabt.

An diese Verwaltungsbeamten wandten sich also die Einwohner, nachdem alle ihre Bitt- und Klageschriften beim Grafen selbst ohne Erfolg geblieben waren. Sie zahlten ihnen eine jährliche feste Geldabgabe und waren dafür frei von Dienst- und Fütterungspflicht.

Wie aus einem Aktenstück vom Jahre 1624 hervorgeht, waren des Drosten Freie nur frei von den Diensten und der Fütterungspflicht; alles andere mussten sie leisten; ebenso war

---

[1]) Corpus Constitutionum Oldenburgicarum I. Bd. III. Abt. S. 113.

es mit den Freien der Vögte und Untervögte. Was die Pastoren an eigenen Gütern hatten, war ebenfalls frei von Dienst- und Fütterungspflicht, desgleichen das Land der Wirte (Krüger). Frei war endlich auch sowohl von diesen Pflichten, wie von allen anderen, ausser der Zehntpflicht, das Land der in der sog. Vorstadt von Ovelgönne Wohnenden, doch mussten sie in der Regel Heuer und Weinkauf bezahlen.

Wohl zu unterscheiden ist dieses befreite Land von den „adelig freien Gütern" [1]). Diese waren frei von allen Lasten und Abgaben, die Besitzer hatten nur die Rossdienstpflicht, d. h. sie mussten zu Pferd Heeresfolge leisten. Schon Anton I. hatte solche „adelig freien Güter" verliehen, meist an einzelne seiner Beamten, sei es zur Bezeugung besonderen persönlichen Wohlwollens, sei es zur Remuneration für geleistete Dienste. Johann XVI. schenkte 1580 dem Dr. Johann von Halle, der uns als Bevollmächtigter beim Ovelgönner Vergleich schon bekannt ist, 100 Jück beim Hoben frei und erblich. Die Freiheit gilt für ihn, seine Frau und einen seiner Söhne; sind sie tot, so sollen die Erben vom Jück jährlich einen halben Reichsthaler entrichten und dafür frei sein von Weinkauf, Zehnten, Kuhschatz, Deich- und Hofdienstpflicht. In ähnlicher Weise werden in einer Reihe von anderen Fällen Grundstücke von den darauf ruhenden Lasten und Abgaben befreit; doch nehmen diese Befreiungen keinen übermässig grossen Umfang an. Die Befreiung ist hier regelmässig ein Gnadenakt.

Ganz anders bei den oben besprochenen Befreiungen von Vogtes Gnaden. Da handelt es sich lediglich um Geldgeschäfte, welche den betreffenden Beamten von Jahr zu Jahr steigende Einkünfte brachten. Wenn sie kein Geld für die Befreiung bekommen konnten, waren sie auch menschenfreundlich genug, statt dessen mit Grundstücken vorlieb zu nehmen.

Anfangs ging das ganz vortrefflich, die Dienste wurden den Unfreien noch zugelegt, und niemand merkte etwas. Als sich aber mit der Zeit die Befreiungen mehrten, da zeigten sich die üblen Folgen des Verfahrens. Frei geworden waren

---

[1]) Die Bezeichnung „adelig freies Gut" rührt daher, dass ursprünglich nur das Land befreit wurde, dessen Besitzer einen Adelsbrief hatte.

diejenigen, welche die Mittel hatten, die Dienst- und Fütterungspflicht entweder ganz abzulösen durch eine einmalige Zahlung, oder sich davon durch eine jährliche feste Geldabgabe loszukaufen. Die früher von ihnen geleisteten Frondienste und Durchfütterungen fielen nun den übrigen zu, die zu arm waren, sich loszukaufen; es fand eine Ueberwälzung der Lasten von den Schultern der Stärkeren auf die der Schwächsten statt, deren ohnehin so elende Lage dadurch noch verschlechtert wurde. Und da kamen bald Klagen über Klagen.

Welchen Umfang die Befreiungen durch die Beamten annehmen, ersehen wir aus einem Aktenstück aus dem Jahre 1624. Danach hatte befreit:

Der Drost in Ovelgönne	641 $^1/_4$ Jück
Der Vogt in der Golzwarder Vogtei	148 $^1/_2$ „
Sein Untervogt	44 $^1/_2$ „
Der Vogt in Schwey	208 „
Seine 3 Untervögte	164 $^1/_2$ „
Der Vogt in Rodenkirchen	279 „
Seine 4 Untervögte	176 „
Der Vogt in Abbehausen	337 $^3/_4$ „
Seine 3 Untervögte	161 $^1/_2$ „
Der Vogt in Blexen	430 „
Seine 5 Untervögte	266 $^1/_4$ „
Der Vogt in Burhave	457 „
Seine 5 Untervögte	348 $^1/_4$ „
Der Vogt in Eckwarden	348 $^1/_2$ „
Seine 6 Untervögte	227 $^1/_2$ „
Der Vogt in Stollhamm	241 $^3/_4$ „
Seine 2 Untervögte	90 „
Der Amtsschreiber in der Vogtei Schwey	80 „
	4650 $^1/_4$ Jück

Im ganzen waren also 1624 befreit von den Verwaltungsbeamten 4650 $^1/_4$ Jück. Zehn Jahre später, im Jahre 1634, zählen wir in denselben Vogteien bereits 10176 Jück befreites Land. Rechnen wir dazu noch die 6944 Jück Vorwerksland, so ergibt sich, dass um 1634 ein Viertel des Landes frei war von Dienst- und Fütterungspflicht.

So freudig diese ersten Ansätze zur Bauernbefreiung zu begrüssen sind, so hatten sie doch für einen Teil, und gerade für den wirtschaftlich schwächsten Teil der Bevölkerung, Zustände im Gefolge, welche unerträglich waren. Die Lasten vermehrten sich stetig; es kam vor, dass ein Bauer an einem Tage gleichzeitig auf drei Vorwerken zum Fronen befohlen wurde. Am bedenklichsten waren die Befreiungen von der Deichpflicht. Durch die Misswirtschaft Antons I. waren die Deiche in einen miserabelen Zustand geraten. Als nun aber viele Einwohner auch von der Deichpflicht befreit wurden und alle Lasten auf die übrigbleibenden ärmeren Bauern übergewälzt wurden, nahm die Verschlechterung der Deiche von Jahr zu Jahr zu. Die Folge waren dann wieder zahllose Deichbrüche und Ueberschwemmungen, die das Land immer mehr in Verfall brachten. Man täuscht sich aber, wenn man glaubt, es wäre etwas zur Abhilfe geschehen. Der Graf hatte in jener Zeit zu viel mit äusseren Regierungsgeschäften zu thun, als dass er sich viel um die Butjadinger und die Stadländer und um die Durchführung der unbequemen Versprechungen, die er ihnen gemacht, hätte kümmern können. So verhallten die Klagen der gedrückten Bauern, wenn nicht ungehört, so doch unberücksichtigt. Die Vögte und Untervögte erlaubten sich immer mehr Uebergriffe und verstanden vortrefflich, ihre Taschen zu füllen. In Eckwarden nutzte z. B. der Vogt die Gespanndienstpflicht der Bauern in unerhörter Weise aus, wie aus einer Klageschrift hervorgeht. Wenn es ihm gefiel, nach Oldenburg oder Elsfleth oder anderswo hin zu Hochzeiten und Festlichkeiten zu fahren oder *„da es ihm seiner husfrouwen und kinderen zur lust beliebde"*, musste der Bauer ihm Wagen, Pferde und Kutscher stellen. Dabei wurde keine Rücksicht darauf genommen, ob die Wege gut oder schlecht waren und ob der Bauer Zeit hatte. So rücksichtslos wurde verfahren, dass nicht selten die Pferde verdorben wurden, oder dass bei trächtigen Stuten Frühgeburten eintraten. Um Erleichterung von den Fuhrdiensten zu bekommen, haben die Bauern dem Vogt Hafer zusagen müssen, und zwar Mengen von 5—6 Scheffeln; überhaupt hat man sich durch Geschenke an den Vogt manche Erleichterungen verschaffen können. In den meisten Vogteien haben die Vögte es einzurichten gewusst, dass jeder Bauer ihnen einmal im

Jahr die Milch von allen Kühen geben musste. Dabei verschafften sie sich noch erhebliche Nebeneinnahmen, indem sie für die geringsten Amtshandlungen hohe Gebühren beanspruchten. Wie die Vögte, so auch die Untervögte. Ein bei allen Vögten beliebtes Verfahren, um Geld zu bekommen, war auch das, dass sie Bauern wegen geringfügiger Versäumnisse oder auch unter nichtigen Vorwänden in die „Bolzen", das sind Fusseisen, schliessen liessen. Wenn die Leute wieder herauswollten, mussten sie dem Vogt einen ganzen, dem Untervogt einen halben Reichsthaler geben, und ausserdem denselben im Wirtshaus noch eine ansehnliche Zeche bezahlen.

Den Meiern erwuchsen grosse Beschwerungen aus der Art der Erhebung des Weinkaufs. Fand eine Veränderung in der Person des Meiers statt, so wurden sofort vom Jück zwei Thaler Weinkauf verlangt; man liess dem Uebernehmenden keine Frist, die grosse Summe aufzubringen; bezahlte er nicht unverzüglich, so wurde er gepfändet. Der Weinkauf musste nicht nur bezahlt werden, wenn der Inhaber von „Herrenland" starb, sondern auch schon bei der Uebergabe inter vivos, ja, wenn ein bei seinem Vater wohnender Sohn sich nur verheiratete. Infolge der Klagen, mehr aber wohl infolge einiger vorgekommenen Unregelmässigkeiten, erging 1633 eine Verordnung, welche ganz genau festsetzte, wann und wie der Weinkauf bezahlt werden musste. Danach musste z. B. die Meldung von einer Veränderung in der Person des Inhabers von „Herrenland" binnen vier Wochen bei Strafe des Verlustes der betreffenden Ländereien beim Amte erfolgen. Eine Uebertragung des Gutes an einen Fremden durfte ohne Konsens des Grundherrn nicht stattfinden; der Fremde musste zudem doppelten Weinkauf zahlen. Die Hälfte des Weinkaufs musste in jedem Falle sofort, die andere Hälfte in einem Jahr bezahlt werden; statt Geld wurde auch Vieh in Zahlung angenommen. Ferner wurden noch für den Fall, dass ein Meier starb und unmündige Kinder hinterliess, Bestimmungen getroffen, die uns hier aber weniger interessieren.

Wurden durch diese Verordnung schon erhebliche Verbesserungen herbeigeführt, indem die bisher unklaren und dehnbaren Bestimmungen über das Meierverhältnis fixiert wurden, so geschah das noch mehr einige Jahre später bei einer anderen Gelegenheit. Bei der gräflichen Regierung war wieder Geldnot eingetreten. Die glänzende Hofhaltung, die vielen grossen Reisen des Grafen hatten viel Geld verschlungen; ebenso mussten während des Dreissigjährigen Krieges Unsummen aufgewandt werden, um die Kriegsgefahr vom Lande abzuhalten, wozu die Neutralitätsstellung des Grafen allein nicht genügt hätte. So hatte er, als Mansfeld in Ostfriesland lag, diesem grosse Summen Geldes geben müssen, um ihn zum Abzug zu bewegen, da sonst Tilly, der einmal schon ganz nahe bei Oldenburg lagerte, seinen Weg durch das Land zu nehmen drohte, was einer vollständigen Verheerung gleichgekommen wäre. Zwar war Mansfeld trotz des erhaltenen Geldes nicht abgezogen, aber Tilly war durch andere Umstände bewogen worden, die Grafschaft Oldenburg mit seinem Durchzug zu verschonen. Doch das nur nebenbei.

Die Hauptsache ist, dass Anton Günther mit den regelmässigen Einkünften nicht auskam und eine neue Kontribution ausschreiben lassen musste. Nach Butjadingen und Stadland wurden drei Räte geschickt, die einen Landesausschuss der Einwohner nebst den Vögten nach Ovelgönne beriefen und dort den Versammelten die Notwendigkeit einer neuen Schatzung auseinandersetzten. Die Thatsache der Einberufung eines Ausschusses zur Bewilligung einer neuen Kontribution erscheint vielleicht auffallend und im Widerspruch zu stehen mit dem Verhalten der früheren Grafen. Wir müssen jedoch berücksichtigen, dass zu der Zeit Anton Günthers die Rechtsanschauungen etwas besser geworden waren. Andererseits ist es wahrscheinlich, dass man fürchtete, die Bauern würden die neue Kontribution nicht gutwillig hergeben, wo möglich sich wieder an den Oberlehnsherrn, den Herzog von Braunschweig, wenden. Das wollte man auf jeden Fall vermeiden, denn dadurch wäre das schon etwas schlaff gewordene oberlehnsherrliche Band wieder straff angezogen worden. Aber selbst wenn wir von diesen Gründen absehen, ist die Einberufung des Landesausschusses an und für sich nicht so merkwürdig; war doch auch die mittelalterliche Grundherrschaft, mit der die hier eingeführte Form, wie wir gesehen haben, manche Aehnlichkeiten hat, verpflichtet, das Hofgericht anzuerkennen, welches gegen Willkür und vor allem gegen willkürliche Auferlegung von Diensten und Abgaben schützte.

Bei Gelegenheit der Einberufung des Ausschusses wurde gerade so, wie es in solchen Fällen früher geschehen war, ein den Bauern günstiger Erlass des Grafen veröffentlicht, offenbar als Gegenleistung für die Gewährung der Kontribution. In demselben wurde eine Reihe früherer, immer noch nicht erfüllter Versprechungen wiederholt. Ausserdem wurde ein Gebühren- und Sporteltarif für die Vögte und Untervögte aufgestellt, dessen Sätze erheblich niedriger waren, als die bisher erhobenen. Das Einschliessen in Bolzen sollte fortan nur bei schweren Vergehen oder Verbrechen stattfinden. Durch diese beiden Bestimmungen wurde der Klage der Bauern, dass den Vögten nicht genug auf die Finger gesehen würde und sie zu viel *„selbmüthige finantzerei"* trieben, begegnet. Ferner wurden noch Bestimmungen getroffen über den Weinkauf; insbesondere wurden auch die hohen Schreibgebühren bei Entrichtung des Weinkaufs und Umschreibung der Güter auf ein festes Mass gesetzt. Endlich richtete sich ein Punkt gegen das Ueberhandnehmen der Wirtshäuser im Lande, über welches die Einwohner lebhaft klagten. Damit hatte es eine eigene Bewandtnis. Man könnte vermuten, dass die Leute mit der Verschlechterung ihrer Lage und dem furchtbaren Druck, der auf sie ausgeübt wurde, unsolider geworden wären und sich mehr dem Genuss geistiger Getränke hingegeben hätten; aber nein, der Grund der Vermehrung der „Krüge" lag ganz anderswo. Die „Krüger" waren, wie schon oben (S. 91) kurz erwähnt, insofern privilegiert, als sie gegen Bezahlung einer Krugheuer ihren Grundbesitz frei von der Dienst- und Fütterungspflicht, hie und da auch von Abgaben hatten. So kam es, dass manche lieber pro forma eine Wirtschaft einrichteten und die entsprechende Heuer bezahlten, als Dienste und Abgaben leisteten. Manche Krüger nahmen Freunde als „Beikrüger" an, um auch ihnen die Annehmlichkeiten des Privilegs zu verschaffen. Aehnliche Privilegien hatten sich die Müller und Fuhrleute angemasst. In dem Erlass wurde nun bestimmt, dass jene drei Kategorien von Gewerbetreibenden fortan nicht mehr frei sein sollten.

Ueberhaupt sollten in der nächsten Zeit weniger Befreiungen stattfinden, damit den nicht befreiten Bauern nicht die Leistung der Dienste zu schwer falle.

Die Bauern sehen denn auch unter dem Einfluss des günstigen Erlasses die Notwendigkeit einer Kontribution ein, nur bitten sie um eine andere Veranlagung bei Erhebung derselben. Bisher haben sie nach der Grösse der bewirtschafteten Fläche beisteuern müssen, jetzt bitten sie, dass ein Unterschied gemacht werde zwischen gutem, mittelmässigem und geringem Land und dass auch die Gebäude und die Zahl des vorhandenen Viehes bei der Veranlagung mit berücksichtigt werde. Diese Bitte, eine vernünftige Veranlagung bei der Erhebung von Kontributionen und Leistung von Abgaben einzuführen, welche meines Wissens hier zum erstenmal gestellt wird, ist von grosser Bedeutung. Sie hat eingehende Untersuchungen zur Folge gehabt, aus denen noch einiges Material geblieben ist. Wahrscheinlich gehören dazu auch zwei undatierte Aktenstücke, deren Inhalt hier wiedergegeben werden soll, weil er in mehrfacher Hinsicht interessant ist. Wertvoll sind sie auch deshalb, weil wir daraus einigen Anhalt gewinnen über den damaligen Wert des Grundeigentums.

Das eine ist ein Vorschlag, wie künftig eine Kontribution abgehalten werden müsste, das andere gibt anscheinend ein Beispiel an einem einzelnen Fall. Es ist aber nicht ausgeschlossen, dass das zweite Stück aus einer späteren Zeit (vielleicht aus den fünfziger Jahren des 17. Jahrhunderts) stammt und durch Zufall in ein falsches Aktenfascikel geraten ist.

I.

Urschrift im Oldenburger Haus- und Zentralarchiv.
Aa. Butjad. und Stadland XL a 14.

Ungefehrlicher und unvergreiflicher vorschlag uf die etwan kunftige contribution.

1. Das land nach dessen bonitet oder pillig messigen valor, doch herren und eigen land zu unterscheiden.
2. Das viehe.
3. Die eigene werffe oder wohnsteden, wan dies mit angeschlagen wirt, kommen alle koeter mit darein.

4. Wurtland.

5. Wann die eigenthumber des landes die contribution zuerlegen nicht vermugen, musste es derjenigen, so das land geprauchen oder zum unterpfande haben zugesetzet werden.

Anschlag auf das land
considerandis consideratis
oberhalb des Mittelteiches und Blexer halbe Voigtei.

wen die eigenthumber nicht vermugen die contribution zu geben, den creditoren zuzusetzen.

- Herrenlandt das jugck . . 30 Rthr.
- Beste eigen . . . . 50 Rthr.
- mittelmessige . . . . . . 40 Rthr.
- geringste . . . . 30 Rthr.
- Wurtland und wohnwerfe
- Pferde
- Vohlen
- Kuhe
- Ochsen
  - 2jahrig
  - 1jahrig
- Schweine
- Schafe.

Benedden oder in's worden des Mittelteiches und die Blexer halbe voigtei.

wen die eigenthumber die contribution zulegen nicht vermugen, wurde sie den creditoren, so das land geprauchen, zugesetzet.

- Herren land, jeder jugck . . 20 Rthr.
- Beste eigen und pflugland . 40 Rthr.
- mittelmässige eigen land . . 30 Rthr.
- geringere . . . . 20 Rthr.
- das geringste . . . . . . 15 Rthr.
- wurtland 1 j. . . . . 40 Rthr.
- ½ jugck worfe . . . . . 40 Rthr.
- Pferde
- Vohlen
- Kuhe
- Ochsen
  - 1 jar
  - 2 jar
- Schweine
- Schafe.

Wie es ungefehrlich uf die voigteien zu theilen.

Rodenkirchen

helt ungefehr 6500 jugck, darunter ist an herren lande ungefehr

                     Rthr.

3000 j. jedes 30 R. T. 90 000

1500 j. das beste eigen 75 000

```
1000 j. mittelmessigen . . . . . . . . . . .   40 000
1000 j. gering jeder 30 R. T. . . . . . . . .  30 000
                                 Summa 235 000 Rthr.
```
Das viehe und worfland hette ein jeder zugeniessen.

Burhave
ungefehr 8000 jugck.

```
Davon 1000 jugck herren land . . . . . . .    20 000
Das beste eigen und pfluglaṇd . . . . . . .  100 000
       2500 j. jeder 40 R. T.
Mittelmessigen 2500 j. jeder 30 R. T. . . . .  75 000
geringere 2000 j. jeder 20 R. T. . . . . . .   40 000
20 jugck wurtland à 40 R. T. . . . . . . .        800
                                 Summa 235 800 Rthr.
```

Das viehe behielten sie auch neben den worfen in der anschlage zu geniessen.

II.

Undatiertes Stück im Oldenburger Haus- und Zentralarchiv XL a 15.

Didrich Kulenkampes wittbe Nannen vermogen.

	R. T.	gr.
1 Jück mittelmessig land à	30	—
1 „ gahr gering à	15	—
der warf à	3	—
3 Kühe	36	—
2 minderjehrige kelber	6	—
1 alt schwein	1	36
2 alt schafe	2	—
Ausstehende gelder bei Herring Garlessen in Burhaver vogtei	22	—
bei Ummen Meentze ibidem	10	—
bei Hoddert Hodderssen erben in Burhaver vogtei .	16	—
bei Allmer Herssen ibidem	6	—
NB. dieser Allmer Herssen giebt an, er sein schuldig an 15 R. T., so er Nannen Kulenkamps schuldig sei.		
bei Ummen Tyorssen ibidem	50	—
Summa	197	36

Schuldig dem pastori Gerhardo Focken — 10 R. T. Dieselben abgezogen pleibet das Vermögen — 187 R. T. 36 grt. Thuet wöchentlich an contribution 6 groten und ¼ schwaren.

Mit einer Verbesserung der Uebelstände hatte es nach dem Erlass noch gute Weile. Sieben Jahre später klagen die Leute noch über dieselben Punkte. Die Vögte schliessen nach wie vor trotz des Erlasses die Leute widerrechtlich in die Bolzen, erheben übermässige Gebühren und befreien immer mehr Bauern vom Hofdienst. Es ist nunmehr üblich geworden, für die Befreiung jährlich die Summe von 24 Grote pro Jück zu fordern. Die Zahl der Freien ist so gewachsen, dass bereits Betrügereien vorkommen, daher das Verlangen der Unfreien, dass die Freien „nahmkündig" gemacht, d. h. dass die Namen sämtlicher von Hof- und Deichdiensten wie von der Fütterungspflicht Befreiten bekannt gegeben werden sollten.

Die überhandnehmenden Ungesetzlichkeiten der Vögte veranlassen schliesslich eine grosse Untersuchung gegen sämtliche Vögte. Die meisten kommen aber gut dabei weg, weil die Untersuchung nicht viel ans Licht bringt; nur einem ergeht es schlecht, Arnold Hartken, der, wie es im Bericht heisst, *„ein greulicher flucher, säufer, wüster und ärgerlicher mensch"* und dazu noch ein Totschläger ist. Gegen ihn liegen 43 Anklagen vor. Er hat gegen das Verbot des Grafen den Bauern jährlich 30—40 Stück von seinem eigenen Vieh in Fütterung gegeben, sich von denselben umsonst sein Land pflügen lassen, übermässig viele Leute gegen Geldzahlung befreit, ferner Gelder unterschlagen, Pferdedieben gegen Entgelt durchgeholfen (von einem hat er z. B. dafür eine Kuh und vier Reichsthaler erhalten) und noch vieles mehr. Er wird daher auch seines Amtes entsetzt.

Die wirtschaftliche Lage der Bauern hatte sich inzwischen immer mehr verschlimmert. Trugen dazu einerseits die vielen Lasten und Abgaben und die schweren Kontributionen, welche, zunächst nur einmal gefordert, sich mit der Zeit zu regelmässigen, jedes Jahr wiederkehrenden Steuern entwickelt haben, bei, so waren auf der anderen Seite die Wirren des Dreissigjährigen Krieges, der zwar das Land nicht unmittelbar berührt hat, von bösem Einfluss. Die fremden Viehhändler hatten schon unter Johann XVI. Butjadingen und Stadland wieder besucht und die alten Handelsbeziehungen von neuem angeknüpft. Während des Dreissigjährigen Krieges kamen sie immer seltener, so dass die Bauern meist nur einen Abnehmer, den Grafen, hatten und an diesen zu jedem Preis verkaufen mussten.

Schlimmer aber als der Dreissigjährige Krieg wirkten die ungemessenen Frondienste. Wohl hatten sich viele Bauern davon befreien können, wenn sie vermögend genug waren; aber den unvermögenden ärmeren Leuten, also denen, die es am wenigsten ertragen konnten, wurden dadurch immer schwerere Lasten aufgebürdet. Welche Anforderungen an die Bauern gestellt wurden, das erfahren wir aus einer Klageschrift der Schweyer vom 31. August 1640. Es heisst darin wörtlich: „[die] herrendienste, so stünd- und täglich verrichtet werden müssen, fallen uns so schwer, das wir es auch fast nicht mehr ertragen können, dan wir uf den alten Hoben zu 130 jück heu-, uffen neuen Hoben 50 jück heu- und 50 jück pfluglandes, bei der Ovelgönne 128 jück heulandes mit 71 wagendienste (sintemahl uns aber 12 bauen ohne des vogts und untervogte 6 freien abgehen) bearbeiden, ohne das etzliche vielmahl nach Oldenburgk und dem Ammerlande fahren, täglich auch unsere leute bei der vestung, im garten und beim vorwerke halten, vom heu auch vergangen und dies jahr jeder zwo foder nach Rastedte und zwo nach Wittbeckersburgk führen müssen, welches alles wir, ohne was wir beim Hobendeichwerk gedahn, gerne mit gedult verrichtet, dieweil uns aber itzo vom verwalter uf'm Hoben durch unsere vogde angekündigt wird, das wir auch heu vom Hoben und Ovelgönne nach Oldenburg führen sollen, solches uns fast unmöglich fallen will, in betrachtung dass unser viele nur 2 oder 3 pferde haben, unsere lande einesteils wegen des salzen wassers ihre frucht nicht geben, auch unsere mohrarbeit ganz beliegen und nachpleiben will und mehrentheil von uns auch in äusserste armuth geraten." Zwar handelt es sich bei dem oben erwähnten Heutransport nach Oldenburg nur um eine einmalige Leistung; aber ganz abgesehen davon ist das, was sie ausserdem fronen müssen, so viel, dass ihre eigene Wirtschaft nicht dabei gedeihen kann, sondern in Verfall geraten muss.

Ueber den Umfang der Gespanndienst- und Fütterungspflicht, zugleich über den Flächeninhalt der einzelnen Vogteien, wie des ganzen Landes, gibt uns Aufschluss ein undatiertes, aber um 1640 aufgestelltes Verzeichnis, von welchem wir nachstehend eine Kopie geben wollen.

Summa der iuckzahlen der sämptlichen landereien, wie auch der wüppen oder wagen, wie imgleichen der futterung, damit die unterthanen in Statt- und Butjadingerlandt, ihro hochgr. Gn. iährlich verwand, eine iegliche vogtei absonderlich.

1.
Golzwarder vogtei.

Wagendienst	1652 $1/4$ iuck
Freien	968 $1/3$ „
Coeter	123 $2/3$ „
Summa	2744 $1/12$ iuck

Bringen zuwege — 40 wüppen oder wagen, futtern ihro hochgr. Gn. iährlich 40 biester.

2.
Rodenkirchen.

Wagendienst	4350 $1/2$ iuck
Freie	1639 „
Coeter	243 $1/2$ „
Summa	6232 iuck

Bringen zuwege — 98 wagen oder wüppen, futtern iährlich — 98 biester, hiervon werden nach dem Hafendorfer Sande gefuttert 4 pferde und 10 ochsen, bleiben 84 biestfutter.

3.
Abbehauser vogtei.

Wagendienst	3232 iuck
Freie	1190 $10/12$ „
Coeter	116 $10/12$ „
Summa	4574 $2/3$ iuck

78 wagen oder wüppen, futtern iahrlichs 26 pferde und 33 $1/2$ biester nach dem Hafendorfer Sande.

4.
Blexer vogtei.

Wagendienst	3150 $27/48$ iuck
Freien	1678 $11/48$ „
Sa.	4878 $34/48$ iuck

87 $1/2$ wüppe oder wagen, futtern nach dem Blexer Sande iährlich 87 $1/2$ biest.

5.
Burhaver vogtei.

Wagendienst	6020	iuck
Freien	$1763^{7}/_{8}$	"
Coeter	$468\frac{9 \cdot 7}{10 \cdot 48}$	"
Summa	$8253\frac{13 \cdot 29}{20 \cdot 48}$	iuck

140 wüppen oder wagen, futtern iährlich 16 pferde $128^{1}/_{4}$ biester, futtern aber nach Roddens 12 pferde 25 biester, abgezogen bleiben 4 pferde $103^{1}/_{2}$ biester.

6.
Eckwarder vogtei.

Wagendienst	$5072\frac{10 \cdot 9}{48 \cdot 10}$	iuck
Freye	$1715^{7}/_{48}$	"
Coeter	$447^{24}/_{48}$	"
Summa	$7230\frac{9 \cdot 3}{10 \cdot 48}$	iuck

$121^{3}/_{4}$ wüppen oder wagen, futtern iährlich $123^{1}/_{4}$ biester.

7.
Stollhammer vogtei.

Wagendienst	$1635^{7}/_{12}$	iuck
Freie	$1190\frac{5 \cdot 1}{8 \cdot 3}$	"
Coeter	$52^{1}/_{4}$	"
Summa	$2877\frac{7 \cdot 11}{8 \cdot 12}$	iuck

$39^{1}/_{2}$ wüppe oder wagen, futtern iährlich $47^{1}/_{2}$ biester.

8.
Schweyer vogtei.

Wagendienst	$4185^{1}/_{8}$	iuck
Morgenlander	$333^{1}/_{2}$	"
Freien	$1086^{5}/_{8}$	"
Coeter	48	"
Summa	$5635^{1}/_{2}$	iuck

70 wagen oder wuppen, futtern iährlich nebenst den Morgenlandern 80 biester.

Summa der achte vogteien in allem

Wagendienst	$29298\frac{9 \cdot 11}{10 \cdot 48}$	iuck
Freien	$11231^{1}/_{8}$	"
Coeter	$1495\frac{9 \cdot 5}{10 \cdot 48}$	"
Summa zusammen	$42025^{1}/_{24}$	iuck

In alles 674³/₄ wüppe oder wagen, futtern in alles iahrlich 42 pferde 590 biester. Hiervon 42 pferde und 156 biester so nach graf Christians von Delmenhorst vorwerke gefuttert werden abgezogen, bleiben
434 biest.-futter.

Urschrift im Oldenburger Haus- und Zentralarchiv. Aa. Oldenb. Landesarchiv sub Tit. XVI Nr. 91. Um 1640. Undatiert.

Wir ersehen aus diesem wichtigen Aktenstück, dass die Gespanndienst- und die Fütterungspflicht einen recht erheblichen Umfang hatte. Nun waren aber diese Lasten nicht die drückendsten, sondern es kam noch eine grosse Menge anderer Lasten hinzu, die wir bereits früher im einzelnen kennen gelernt haben. Wertvollen Aufschluss gibt uns ferner das Verzeichnis über das Verhältnis der von den Kötern (das sind kleine Pächter auf Bauernland) bewirtschafteten Fläche zur Gesamtfläche. Sie beträgt 3,05 % der Gesamtfläche und 3,57 % des Bauernlandes. Endlich erfahren wir aus dem Dokument, dass die Befreiungen in den letzten Jahren nicht mehr in dem Masse zugenommen haben wie früher. Wie wir an anderer Stelle gezeigt haben, waren 1624 4650 ¹/₄ Jück frei, 1634 bereits 10 176 Jück. In den folgenden 6 Jahren nehmen dann aber die Befreiungen nur um 1055 Jück zu. Der Grund dieser geringen Zunahme der Befreiungen ist einerseits in dem Verbot des Grafen zu suchen, auf der anderen Seite kommt aber wohl noch mehr der Umstand in Betracht, dass die Zahl derer, welche vermögend genug waren, um sich ihre Freiheit durch jährliche Abgaben zu erkaufen, so ziemlich erschöpft war. Der weitere Verlauf der Geschichte der Befreiung rechtfertigt diese unsere Ansicht.

Dass die Bauern der Umwandlung der Dienst- und Fütterungspflichten in jährliche feste Geldabgaben keineswegs abgeneigt waren, das beweist eine der vielen nach 1640 abgesandten Bittschriften. In einer derselben wird der Vorschlag gemacht, alle Bauern gegen jährliche Geldzahlungen zu befreien. Während sonst die Bittschriften in der Regel unberücksichtigt geblieben waren, veranlasste dieser Vorschlag eingehende Beratungen bei der gräflichen Regierung. Wir erinnern uns, dass schon im Jahre 1616 Anton Günther sich mit dem Gedanken getragen hat, ob nicht eine Umwandlung der Hof- und Vorwerksdienste in feste Geldabgaben stattfinden könne. Jetzt wurde dieser Gedanke wieder aufgenommen. Im August 1643 liess der Graf durch den Ovelgönner Landrichter einen Ausschuss der Einwohner der Vogteien Eckwarden, Burhave, Blexen, Abbehausen, Stollhamm und Rodenkirchen einberufen und ihm die Frage der Umwandlung der Naturaldienste in Geldabgaben vorlegen. Wie aus dem Berichte des Landrichters vom 11. August hervorgeht, haben sich die Bauern sämtlich dafür ausgesprochen und als „Freigeld" den Betrag von 18 Grote pro Jück vorgeschlagen. Der Landrichter hält jedoch eine Abgabe von 24 Grote bis $1/2$ Reichsthlr. pro Jück nicht für zu hoch, denn, meint er, den Vögten seien ja in den letzten Jahren auch 24 Grote bezahlt worden. Er verkennt also vollständig, dass die Zahl derer, welche diesen Satz noch bezahlen konnten, erschöpft war und dass die übrigen Bauern ausser stande sein würden, einen so hohen Satz zu bezahlen. In Oldenburg schloss man sich der Ansicht des Landrichters an. Der Plan der Umwandlung wurde weiter erwogen, am 5. und 6. August 1644 wurde eine Dreierkommission in die einzelnen Vogteien geschickt, um mit den Vögten und den Ausschüssen zu verhandeln. Man schlug den Bauern vor, sie sollten gegen jährliche Zahlung von 24 Grote pro Jück einschliesslich des Futtergeldes frei sein von allen Diensten mit Ausnahme einiger, unten näher bezeichneter. Die Vögte sollten fortan feste Gehälter beziehen. Die Bauern waren im Prinzip mit diesen Neuerungen einverstanden, wollten aber dennoch lieber bei „der alten Gerechtigkeit gelassen" werden, weil sie fürchteten, dass sie den hohen Betrag nicht würden bezahlen können. Sie seien so verarmt, hätten von früher her noch so viele Schulden zu bezahlen und so hohe Kontributionen zu entrichten, dass sie eine Umwandlung der Naturalin hohe Geldleistungen nicht würden ertragen können. Die Kommission suchte, wie aus dem betreffenden Protokoll hervorgeht, die Bauern zu überzeugen, dass sie schon aus Gründen der Loyalität die Umwandlung sich gefallen lassen müssten. Der Graf habe die Frage der Umwandlung lange hin und her überlegt, viele Mühe und Arbeit davon gehabt, wenn sie nun von der „angebotenen Gnade" keinen Gebrauch machten, so sähe das aus, „als spotteten sie mit ihro hochgräflich Gnaden". Mehr als dieser Grund bewog wohl die Ueberlegung, dass eine Weigerung ihnen doch nicht nützen würde, und der Umstand, dass die Dauer der neuen Einrichtung vorläufig nur auf zwei Jahre bemessen sein sollte, die Ausschussmitglieder schliesslich doch, ihre Zustimmung zu geben. So in Rodenkirchen. Aehnlich ging es in den übrigen Vogteien, und darauf erfolgte am 11. August des Jahres 1644 der wichtige Erlass des Grafen Anton Günther, durch welchen zunächst in der Vogtei Eckwarden alle Bauern vorläufig auf zwei Jahre von den Frondiensten befreit wurden. Die Befreiung erstreckte sich nicht auf den Landaussendeichs-, Mühlen- und Festungsbau, ferner nicht auf den Jagddienst (das war die Pflicht der Bauern, Wildbret nach Oldenburg oder, wo sich der Hof gerade befand, zu bringen) und endlich nicht auf den Einlagerdienst, (das war die Verpflichtung, Einquartierung von Soldaten, oder auch von Handwerkern und Arbeitsleuten, die für den Grafen beschäftigt wurden, ohne Vergütung anzunehmen). Die für die Befreiung zu leistende Geldrente wurde auf 24 Grote pro Jück festgesetzt. Gleichzeitig wurde versprochen, die Bauern mit neuen Diensten, *„die haben namen wie sie wollen, nicht anzumuthen"*. Es wurde den Bauern freigestellt, nach zwei Jahren, wenn sie *„nicht länger belieben würden in dem befreiungsgedinge zu stehen"*, zu kündigen und in das alte Verhältnis zurückzukehren. Die Verfügung wurde unmittelbar darauf auch auf die anderen Vogteien ausgedehnt.

Damit war, wohl am frühesten in ganz Deutschland, der erste grosse Schritt zur Bauernbefreiung gethan. Wir wollen uns nun zunächst mit der Frage beschäftigen: wie kam es, dass die Umwandlung der Frondienste in feste Geldabgaben bereits so früh vor sich ging? Es waren vor allem folgende Momente, welche diesen Schritt veranlasst haben.

Erstens hatte der Graf ein Bedürfnis nach festen regelmässigen Geldeinnahmen. Zweitens hatte man allmählich eingesehen, dass ein Wirtschaften mit Hilfe von Frondiensten zwar billig war, dafür aber auch recht schlechte Seiten hatte.

In einem Berichte des Ovelgönner Landrichters an den Grafen aus dem Jahre 1643 schlägt der Schreiber vor, die Bauern von dem Gartenfrondienst beim Haus Ovelgönne gegen eine feste Geldabgabe zu befreien und die Arbeit durch Tagelöhner oder Soldaten besorgen zu lassen, dann würde sie besser, als bisher geschehen, ausgeführt werden. Ebenso war man auf den Vorwerken mit der Fronarbeit unzufrieden. Die Bauern verrichteten die Arbeiten nur sehr unvollkommen und vermieden es naturgemäss sorgfältig, sich übermässig anzustrengen. Mussten sie mit ihren eigenen Pferden pflügen oder Fuhrdienste leisten, so nahmen sie die schlechtesten Pferde und nutzten auch deren Leistungsfähigkeit nicht voll aus. Die Erkenntnis der Unrentabilität der Vorwerke allein aber würde nicht zu der Umwandlung geführt haben, vielmehr kam drittens der Umstand in Betracht, dass ein beträchtlicher Teil des Vorwerkslandes in den letzten Jahren verpachtet oder verkauft worden war. Man hatte nun versucht, die Frondienste auf den neuen Bewirtschafter zu übertragen, indem man die Vorwerke in der Regel mit den zugehörigen Frondiensten verpachtet hatte. Dabei hatten sich jedoch immer grössere Schwierigkeiten herausgestellt; ein Verkauf eines Vorwerkes mit den zugehörigen Frondiensten war geradezu unmöglich. Die Pächter verlangten einerseits von den fronenden Bauern intensivere Arbeit, die Bauern auf der anderen Seite glaubten nur dem Landesherrn zu Frondiensten verpflichtet zu sein, nicht aber einem Privatmanne, weigerten sich zu fronen und konnten nur durch Zwangsmittel dazu bewogen werden. Ganz verzichten wollte man aber nicht auf die Frondienste, und so trat mit der zunehmenden Verringerung des selbst bewirtschafteten Grundbesitzes an den Grundherrn die Notwendigkeit heran, eine Umwandlung der Frondienste in feste Geldabgaben herbeizuführen.

Endlich mag die Rücksicht auf seine dereinstigen Allodialerben nicht ohne Einfluss auf den Entschluss des Grafen gewesen sein. Anton Günther stand in den sechziger Jahren und konnte nicht mehr hoffen, noch einen zur Nachfolge berechtigten Sohn zu erhalten. Er hatte nur aus dem Verhältnis mit dem Fräulein Elisabeth von Ungnad einen unehelichen, allerdings später vom Kaiser legitimierten und in den Reichsgrafenstand erhobenen Sohn. Dieser sollte nach seinen Wünschen, welche er auch in den Successionsverträgen seinen Nachfolgern in der Herrschaft gegenüber durchsetzte, zugleich mit seiner (des Grafen) an den Fürsten von Anhalt-Zerbst verheirateten Schwester Magdalene das Allodium erben. Er musste also nach den Erfahrungen, die er bisher gemacht hatte, wenn ein anderer Besitzer oder nur ein Pächter auf ein Vorwerk gekommen war, annehmen, dass die Bauern später seinen Allodialerben, denen nicht mehr die landesherrliche Macht zur Durchführung ihrer grundherrlichen Ansprüche zur Seite stand, die Dienste nicht gutwillig leisten würden.

Wir haben also als Veranlassungen zur Umwandlung der Frondienste in Geldabgaben einmal das steigende Bedürfnis des Grafen nach regelmässigen, festen Geldeinkünften, dann die Unrentabilität der Frondienste, die zunehmende Verkleinerung der selbstbewirtschafteten Fläche und die etwaige Rücksichtnahme auf die dereinstigen Allodialerben. Dass daneben noch beim Grafen der Wunsch mitwirkte, seinen Unterthanen bessere wirtschaftliche Bedingungen zu schaffen und so die Sünden seiner Vorfahren als letzter männlicher Spross des gräflich oldenburgischen Stammes einigermassen wieder gut zu machen, ist wohl kaum anzunehmen. Dagegen spricht nicht allein sein Verhalten gegen die Bauern bis zum Jahre 1644, sondern auch die zu hohe Bemessung der an die Stelle der Dienste tretenden jährlichen Geldabgabe.

Dass diese Geldabgabe thatsächlich zu hoch war, das beweist der klägliche Erfolg, den das Befreiungsedikt vom Jahre 1644 hatte. Schon nach zwei Jahren kündigten die Bauern das „Befreiungsgedinge", weil der Satz von 24 Grote pro Jück für die meisten unerschwinglich hoch war. Nur ein Teil der Bauern, der wirtschaftlich besser gestellt war als der Durchschnitt, zahlte das Freiengeld weiter; die Mehrzahl aber zog es vor, wieder zu fronen. Es fehlte in der Folgezeit nicht an energischen Versuchen, die Umwandlung durchzuführen, aber sie waren zunächst ohne Erfolg, denn zur Forderung einer niedrigeren Abgabe konnte man sich gräflicherseits noch nicht entschliessen.

So kam es, dass vor der Befreiung von den Hoffronden die Aufhebung einer anderen grundherrlichen Last auf dem Wege der Umwandlung in eine Geldabgabe vor sich ging, nämlich der schon mehrfach besprochenen Fütterungspflicht. Mit dem Gebrauch, den Bauern „Herrenvieh" zur Durchfütterung ohne Entschädigung zu geben, hatte man mit der Zeit sehr schlechte Erfahrungen gemacht. Die Bauern gaben naturgemäss ihrem eigenen Vieh das beste und reichste Futter, dem „Herrenvieh" liessen sie aber nur soviel zukommen, dass es nicht krepierte. Das „Herrenbeest" war ein Stück Vieh, an dem der Bauer, wenn es in seinem Stalle stand, zähneknirschend vorüberging. Die vielen, lästigen Visitationen machten es ihm noch verhasster. Trotz der schlechten Erfahrungen hatte man jedoch nicht auf das Durchfüttern des Viehs bei den Unterthanen verzichten können, zumal die Zahl desselben von Jahr zu Jahr stieg. Noch im Jahre 1660 berichtet der Verwalter A. Bushius, als er von einer Inspektion der Vorwerke zurückkehrt, unter anderem auch über die schlechten Erfahrungen, die man mit der Fütterungspflicht gemacht. Pferde dürfe man den Unterthanen überhaupt nicht in Fütterung geben, dieselben würden so schlecht gehalten, müssten Mangel an Pflege und Hunger leiden, dass sie nicht selten krepierten. Die Milchkühe nähmen regelmässig ab, auch kämen die Bauern ihrer Pflicht, die von denselben gewonnene Butter an das Vorwerk abzuliefern, insofern nicht ganz nach, als sie oft zu wenig Butter ablieferten. Diese Stelle beweist deutlich, dass die Bauern nicht einmal die Nutzung der durchzufütternden Milchkühe hatten. Sie mussten sogar die Milch derselben zu Butter verarbeiten und die Butter an das Vorwerk abliefern. Die Durchfütterungspflicht war eine Last, welche auf jedem nicht befreiten Grundstücke ruhte, und die Bauern mussten nicht allein eine bestimmte Summe Geldes bezahlen, wenn sie kein Vieh nahmen oder nehmen konnten, sondern auch wenn sie zufällig keins zugeteilt bekamen. Diese Entschädigung betrug 1631 für ein Pferd 3 Reichsthlr., für ein Stück Rindvieh 2 Reichsthlr. à 60 Grote. So war es noch um 1660 mit der Fütterungspflicht bestellt, alle Erlasse, die schon mehr als 30 Jahre früher die Abschaffung versprochen haben, sind nicht ausgeführt worden. Man könnte fast annehmen, dass all die vielen nicht gehaltenen Versprechen Blendwerk gewesen sind, nur dazu bestimmt, die leichtgläubigen Bauern zur Bezahlung irgend welcher neuen Kontributionen zu bewegen. Wie bei den Frondiensten, so hatten auch bei der Fütterungspflicht die schlechten Erfahrungen, die man damit gemacht, nicht zur Abschaffung führen können; vielmehr bot erst die erwähnte Verminderung des Saallandes durch Verpachtung und Verkauf auch hier den Hauptanlass. Wann diese Umwandlung vor sich gegangen ist, ist aus dem ungenügenden und lückenhaften Material nicht genau ersichtlich; offenbar ist sie nicht plötzlich, sondern ganz allmählich eingetreten. Im Jahre 1663 leisteten bereits die meisten Bauern anstatt der Fütterung eine jährliche Geldabgabe von 3 Grote pro Jück.

Die Frondienstpflicht aber bleibt bestehen, und noch im Jahre 1659 (30. März) werden folgende Dienste festgesetzt, welche von den beim Vorwerk Hafendorfersand gutsunterthänig gewesenen Bauern, nachdem dort der Eigenbetrieb eingestellt worden ist, beim Seefelder Vorwerk zu leisten sind. Zu bedienen sind nach dem Protokoll 740 Jück (neuen Masses). Davon sind jährlich 140 Jück zu pflügen, zu besäen, abzugrüppen, von Unkraut rein zu halten und zu mähen. Der Ernteertrag muss von den Hörigen ins Vorwerk geschafft werden. Fünf Tonnen Frucht von jedem Jück müssen die Bauern ans Wasser bringen und einschiffen. Von dem grünen Land sind jährlich 277 $^{63}/_{81}$ Jück zu mähen; das Heu muss in die Vorwerksscheunen geschafft oder in Viemen aufgebaut werden. Der Mist muss zunächst zwei Jahre von den Unterthanen, das dritte Jahr vom Gesinde, dann aber Jahr für Jahr von den Unterthanen aus den Vorwerksställen geschafft werden. Sämtliche Gräben müssen sie in Ordnung halten; auf dem Grünland müssen sie die Scharen und Maulwurfshügel zerschlagen. Ferner haben sie alle Baumaterialien, welche bei den Vorwerken gebraucht werden, wie Bäume, Hecke, Pfähle, Abwässerungsröhren und Pumpen und dergleichen mehr zu holen und auf das Vorwerk zu schaffen. Wenn gebaut wird, müssen sie zupflegen und Handlangerdienste leisten, dagegen werden Abwässerungsarbeiten von dem Gesinde besorgt. Vornehme Bediente und Beamte des Grafen müssen Gespanne und Fuhrwerke gestellt bekommen und gefahren werden. Endlich müssen sie Beschäler und edle Pferde treiben, nicht aber gemeines Vieh. Andere unstreitige und unzweifelhafte Dienste sind ebenfalls zu leisten.

Diese Dienste sind immer noch geringfügig im Verhältnis zu früheren Zeiten. Seit 1664 hatte man das Verpachten bezw. Verkaufen von Vorwerken mit den Frondiensten als undurchführbar fast überall aufgegeben. Da nun aber die Verringerung des im Eigenbetrieb befindlichen Grundbesitzes auf dem Wege der Verpachtung oder des Verkaufs fortwährend zunahm, während die Befreiungen keineswegs damit gleichen Schritt hielten, weil die Zahl derer, welche sich loszukaufen im stande waren, schon 1644 so ziemlich erschöpft war, so verteilten sich die zu leistenden Frondienste naturgemäss auf eine grössere Anzahl von Bauern, so dass der einzelne nicht mehr so viel zu leisten hatte, wie früher. Dementsprechend stellen die oben aufgeführten Dienste schon ein erheblich reduziertes Mass dar.

Wie wenig Rücksicht aber bei der Forderung der Dienstleistung auf die Wirtschaft der Bauern genommen wurde, zeigt eine Bemerkung, welche der gräfliche Landdrost über den Wagendienst in einem Schreiben von 1652 macht. Er schreibt, die Pferde der Unterthanen seien schon so oft gebraucht und so abgetrieben, dass man sie doch jetzt den Leuten zunächst zur Bestellung ihrer eigenen Arbeit überlassen möge.

Inzwischen machten sich die Folgen der Misswirtschaft Anton Günthers und seiner Vorfahren auf eine schreckliche Weise fühlbar. Der alte friesische Grundsatz „kein Land ohne Deich und kein Deich ohne Land" war von ihnen, wie wir gesehen haben, in einer horrenden Weise missachtet worden. Nicht nur der gräfliche Grundbesitz, soweit er im Eigenbetrieb stand, war frei von allen Deichlasten, sondern es waren auch ausserordentlich viele Befreiungen von der Deichlast, sei es auf dem Gnadenwege, sei es aus nackt egoistischen Interessen vorgenommen worden. Den übrigen nicht befreiten Unterthanen, deren Kräfte durch alle möglichen Frondienste bei den

Vorwerken und neuen Deichanlagen zur Gewinnung von Land schon übermässig in Anspruch genommen waren, war es natürlich nicht möglich, die Deiche, deren Länge durch die vielen Neueindeichungen gegen früher ausserordentlich zugenommen hatte, in gutem Stand zu halten. So konnte es kommen, dass seit der Occupation die Zahl der Deichbrüche und Ueberschwemmungen fortwährend zunahm. Das Jahr 1663 brachte eine Katastrophe, die wohl als die schlimmste bezeichnet werden kann. Sturmfluten zerrissen die schlechten Deiche, und das Wasser drang alles verheerend in das Land. 81 grosse und kleine Braken wurden eingerissen, die meisten Siele zerstört. Wie aus einer Klageschrift vom Jahre 1671 hervorgeht, hat man damals zu Schiffe in das offene Land hineinfahren können. Viele Bauern haben ihren Besitz im Stiche gelassen und landeinwärts fliehen müssen, manche haben das oldenburgische Gebiet verlassen. Die ungeheuren Arbeiten und Kosten zur Wiederherstellung der Deiche und Siele haben viele Bauern völlig ruiniert. Aber noch mehr Unheil hatte die Katastrophe im Gefolge. Das Land war verdorben und wollte keine Früchte geben; die Wassergräben und Brunnen waren versalzen, so dass Menschen und Vieh nicht zu trinken hatten. Schreckliche Krankheiten traten auf; unter den Menschen wütete das Sumpffieber, unter den Tieren die Pest. Dann kamen lange Jahre des Misswachses und der Futternot. Der Bauer musste das Vieh und die Pferde, welche ihm das Wasser und die Pest gelassen hatte, preisgeben, weil er kein Futter dafür hatte. Wie aus jener Schrift hervorgeht, blieb kaum der zwanzigste Teil der Tiere am Leben; mancher grössere Bauer behielt von 30 Stück Vieh nur eins oder zwei oder auch gar keins übrig. Im Winter 1670/71 sind in der Vogtei Eckwarden 665, Burhave 717, Blexen 529 Stück Vieh (ohne die Kälber, Schafe und Schweine) aus Mangel an Futter gestorben. Das übrige Vieh musste geschlachtet oder zu Spottpreisen verkauft werden. Weite Strecken Landes mussten ungebraucht liegen bleiben (in der Vogtei Burhave etwa 600, in Blexen etwa 500 Jück). Land, welches sonst einen Reichsthaler und mehr an Heuer gebracht hatte, fand jetzt für 18 Grote pro Jück kaum einen Pächter. Dass die in der Klageschrift in ergreifender Weise geschilderten Missstände wirklich so waren, beweist ein zugleich mit dieser Klageschrift von der Statthalterschaft an den König von Dänemark, welcher sich nach dem Tode Anton Günthers mit dem Herzog von Holstein-Gottorp in die Herrschaft geteilt hatte, gesandtes Schreiben. In demselben wird berichtet, dass die Verhältnisse keineswegs übertrieben dargestellt seien, sondern wirklich so lägen, man befürchte, dass noch mehr Leute ausser Landes fliehen würden. Das veranlasste schliesslich verschiedene Massnahmen der neuen Regenten, welche Verbesserungen der Lage herbeiführen sollten. Bevor wir jedoch darauf eingehen, müssen wir im Anfang des nächsten Kapitels zunächst die Veränderungen ins Auge fassen, welche der Tod Anton Günthers herbeiführte.

V.
Die Bauernbefreiung.

Anton Günther starb am 19. Juni 1667. Der nächste zur Nachfolge berechtigte Verwandte war der Herzog von Holstein-Plön; in zweiter Linie kamen dann der Herzog von Holstein-Gottorp und der König von Dänemark in Betracht. Anton Günther hatte nun schon lange vor seinem Tode versucht, die Nachfolge so zu regeln, dass seine Allodialerben möglichst viele Vorteile davon hatten. Die Ansprüche des Herzogs von Holstein-Plön waren zu fest begründet, als dass er von diesem grosse Vorteile erhoffen konnte [1]), und so begünstigte er die beiden anderen Prätendenten. Es begann ein förmliches Handeln um die Erbfolge. Auf Grund einer Reihe von Vergleichen und Verträgen wurden in den Lehns- und Eigentumsverhältnissen Veränderungen [2]) festgesetzt, von denen wir die folgenden für Butjadingen und Stadland wichtigen herausgreifen:

König Friedrich III. von Dänemark und Herzog Christian Albrecht von Holstein-Gottorp übernahmen nach Anton Günthers Tode die Herrschaft und erhielten das ganze Stad- und Butjadingerland als ein feudum liberum et francum von dem Herzog von Braunschweig-Lüneburg. Der durch die Verträge genau festgesetzte Allodialbesitz des Grafen, der zumeist die Vorwerke, aber auch etwas Meierland umfasste, fiel an den Fürsten

---

[1]) Halem II 408.
[2]) Halem II 410 u. f.

Johann von Anhalt-Zerbst und an den schon mehrfach genannten Grafen Anton von Aldenburg. Anhalt-Zerbst erhielt zwei Drittel des Allodiums, darunter in Butjadingen und Stadland 4522 ¼ Jück. Graf Anton von Aldenburg bekam ein Drittel, davon in Butjadingen und Stadland die Vorwerke Roddens, Blexersand und Seefeld, 52 Aussendeichsgroden in der Vogtei Schwei, das Ovelgönner Vorwerksland und die Mühle auf dem Neuen Hoben. Den Allodialerben stand auf den ererbten Gütern die niedere Gerichtsbarkeit über die Leute zu, welche auf dem Vorwerkslande wohnten („Feuer und Rauch" hielten); auch konnten sie von den zu dem Vorwerke gehörigen Meiern Dienste verlangen. Zu einer Wiederausdehnung der Grundherrlichkeit kam es indessen auf diesen Allodialgütern nicht, weil den neuen Herren nicht die landesväterliche Gewalt zur Verfügung stand.

Alles andere Land kam als Feudalbesitz an die neuen Regenten. Dieselben führten zunächst die Regierung gemeinsam und ernannten zu ihrem Statthalter in Oldenburg den Grafen Anton von Aldenburg[1]). Durch geschickte Politik wusste der Dänenkönig den Holstein-Gottorper bald von der Mitregentschaft auszuschliessen; von 1676 an regierte er allein. Die Allodialgüter fielen später zum grossen Teil an die Landesherrschaft zurück. Nachdem wir so in grossen Zügen die Veränderungen in den Besitzverhältnissen dargelegt, wollen

---

[1]) Im Jahre 1659 hat Anton Günther das Armenhaus zu Hofswürden in der Vogtei Eckwarden gegründet und reich dotiert. Er bestimmte für diese Stiftung nicht nur Landbesitz, Gebäude und beträchtliche Geldsummen, sondern auch das directum dominium und die davon herrührenden Gefälle und Pertinentien (als jährl. heuer pro Jück 32 Gr. 1 Schill., Weinkäufe, Zehnt) von 2165 Jück Altherrenländereien, ferner die von 850 Jück vor alters eingezogenen Lehnländereien fallenden Intraden, die Eckwarder Mühle etc. etc. Aus der im Corpus Constitutionum Oldenburgicarum I 14—27 abgedruckten Stiftungsurkunde geht hervor, dass vordem schon verschiedenes aus dem Allodium für Kirchen und Schulen hergegeben worden ist. So sind z. B. zwölf unvermögenden Pfarren, darunter einer in unserer Landschaft, 300 Thaler Heuereinkünfte bewilligt worden. Anton Günther hat also offenbar vor seinem Ende noch das Bedürfnis empfunden, seine und seiner Vorfahren Sünden wieder gut zu machen.

wir uns der Geschichte der Unfreiheit, die nun ihrem Ende entgegengeht, wieder zuwenden.

Mit dem Aussterben des gräflich oldenburgischen Mannsstammes und der gemeinschaftlichen Regierung des Königs von Dänemark und des Herzogs von Holstein-Gottorp beginnt für die Butjadinger und Stadländer eine Zeit wichtiger Reformen.

Den Anstoss gaben auch hier finanzielle Erwägungen. Die Vorwerke waren an die Allodialerben gefallen, nicht aber die zugehörigen Frondienste. An die neue Regierung trat also die Notwendigkeit heran, nunmehr so schnell wie möglich die Umwandlung der Frondienste in Geldleistungen endgültig durchzuführen. Schon im Jahre 1668 fand eine Abhandlung der Hofdienste statt. Alle Bauern wurden davon befreit gegen jährliche Bezahlung von 18 Grote pro Jück. Das Futtergeld von 3 Grote wird anfangs noch ausserdem erhoben, aber bald in jene Summe mit einbezogen, so dass für die Befreiung von den Dienst- und Fütterungspflichten zusammen nur noch 18 Grote erhoben wurden. Ausgenommen von der Befreiung waren die Dienste bei den Festungen, Schlössern, Mühlen und anderen herrschaftlichen Gebäuden, ferner der Jagddienst, der Wege- und Deichdienst, sowie verschiedene andere geringfügige Pflichten, die hier nicht in Betracht kommen. Der von den Meiern zu leistende Weinkauf wurde um ein Drittel ermässigt, wahrscheinlich um die Einführung einer neuen Abgabe, des Donativgeldes, auf welches wir unten noch zu sprechen kommen werden, zu erleichtern.

Gleichzeitig suchte die Regierung den Zehnt in eine feste Geldabgabe zu verwandeln. Am 30. September 1668 liess sie verkünden, dass fortan für den Weizen 24, Roggen 20, Bohnen 18, Gerste 16 und Hafer 9 Grote pro Scheffel erhoben werden sollte. Vorhergegangen war dieser Umwandlung in eine feste Geldabgabe schon zu Anton Günthers Zeiten die Fixierung des Zehnten. Wann diese erfolgt ist, ist nicht herauszubringen. Schon im Jahre 1646 finden wir bei den Schweiern keinen eigentlichen Zehnt oder Dritten, sondern bereits eine vorgeschrittenere Form desselben, das „Fruchtgeding". Das Land war dort nach der Eindeichung in ziemlich gleich grossen

Komplexen verheuert worden, und alle Abgaben und Leistungen wurden nach ganzen bezw. halben, drittel oder viertel Bauen gefordert. So bot die Einführung des Fruchtgedinges keine grossen technischen Schwierigkeiten. Die Schweier mussten ausserdem noch von jeder Bau jährlich das beste Schwein geben, oder an Stelle desselben zwei Reichsthaler. Eine vollständige Fixierung des Zehnten begegnet uns dann in dem schon erwähnten Strückhauser Mannzahlregister von 1656. Da ist bereits für jeden Bauer schriftlich festgestellt, welche Mengen Zehntgetreide er jedes Jahr zu liefern hat. Wir können wohl annehmen, dass um diese Zeit auch in dem angrenzenden Stad- und Butjadingerland die Fixierung des Zehnten bereits durchgeführt war. Der Bauer musste nicht mehr den zehnten Teil des Bruttoertrages abliefern, sondern eine bestimmte, ein für allemal festgesetzte Menge. Ob die Ernte gut oder schlecht ausfiel, war gleich; hatte der Bauer seine Frucht nass eingebracht, so musste er doch die gedingte Menge trockene Frucht abliefern; unter Umständen musste er sie, wenn er sie nicht anders beschaffen konnte, zu kaufen suchen. Infolge der Gleichmässigkeit des fixierten Zehnten musste er sein Land jahraus jahrein auf gleiche Weise bewirtschaften; zum Ackerbau benutztes Land konnte er nicht in Grünland umwandeln, um sich mehr der Viehzucht zuzuwenden, er musste denn im stande sein, das Zehntgetreide zu kaufen. Immerhin bedeutet die Fixierung des Zehnten einen Fortschritt in dem Falle, in welchem der Bauer intelligent und versatil genug ist, zu intensiverer Kultur überzugehen, vorausgesetzt, dass seine wirtschaftliche Lage ihm das möglich macht und er nicht durch andere Umstände daran gehindert wird. Nach der Fixierung bildet der Zehnt nicht mehr so stark wie früher das Hemmnis für den Fortschritt in der landwirtschaftlichen Technik, denn der Bauer hat den erhöhten Ertrag nunmehr für sich. Die Umwandlung des fixierten Zehnten in eine feste jährliche Geldabgabe war der weitere Fortschritt, er hätte seine segensreiche Wirkung äussern können, wenn nicht zur Zeit der Einführung die Landwirtschaft in Butjadingen und Stadland so furchtbar darniedergelegen hätte.

Alle Reformen scheiterten an der allgemeinen Verarmung

und dem Elend des ganzen Landes. Wohl sind die Unterthanen mit Freuden bereit, die Geldzahlungen statt der Dienste und Naturalabgaben zu leisten; aber es ist ihnen unmöglich, überhaupt Geld zusammenzubringen. Daher das Verlangen der Bauern, wieder die Dienste und Abgaben in natura zu leisten.

Hand in Hand mit der Vornahme dieser Reform ging die Einführung einer neuen Abgabe. Man versuchte nämlich, bei eintretendem Wechsel in der Person des Herrn, ein „Donativgeld" von den Meiern zu erheben, während früher bekanntlich nur bei einem Wechsel in der Person des Meiers ein Laudemium, der Weinkauf, gefordert wurde.

Nun wird es mit Gewalt versucht, die Umwandlung der Dienste und des Zehnten und die Einführung des Donativgeldes durchzuführen. Da auch die Abgaben nicht rechtzeitig eingehen, werden die Vögte beauftragt, alle Gelder mit äusserster Strenge einzutreiben. Aber das Pfänden nützt nichts bei den Bauern, denn sie haben nichts als hie und da noch ein paar Stück Vieh. Das pfändet man aber nicht, weil man kein Futter für dasselbe hat. Da hilft man sich, wie aus einer undatierten, vor 1671 geschriebenen Klageschrift hervorgeht, indem man die Bolzen und die Militärexekution anwendet. Die Vögte nehmen sich zehn und mehr handfeste Leute, gehen von Haus zu Haus, jagen die Bauern heraus, treiben sie vor sich her wie eine Herde Vieh und schliessen in die Bolzen, was nur irgend hineingeht. Diejenigen, für die in den Bolzen kein Platz mehr ist, werden mit Einlagern (meist Soldaten) geplagt. Die Einlager müssen *„zum merklichen schaden des landes mit hindansetzung und versäumung der haushaltung so lange behalten werden, bis man sie weile der krüger* [Wirt] *nicht borgen kan und die eingelagerten selber nicht zu leben haben, noch etwas verdienen konnen, woferne man sie nicht will hungers sterben lassen und auch auf die manier kein geld zu erzwingen stehet, man selbst wieder uns los lassen und was dergleichen plagen mehr sein, dass man nemblich bette und kleider unter und vom leibe, die pötte von den öfken und da noch linnen oder sonst hausgerath in dem kasten oder im hause vorhanden selbiges mit fort nimpt und demnach einen weg wie dem andern kein geld* *machen kan, wo keines ist und ob wir zwar gerne land, vieh und hausgerath verkaufen wollen, so ist doch niemand bei uns, bei dem noch einige geldes mittel vorhanden, solches einzukaufen".*

Die „himmelschreiende Not" veranlasst den Statthalter Anton von Aldenburg, sich für die Bauern zu verwenden. Er sendet die Klageschriften nach Kopenhagen und berichtet selbst über das allgemeine Elend, aber umsonst, er erhält „keine Resolution". Am 21. September macht er den Regenten den Vorschlag, das Dienst- und Futtergeld herabzusetzen von 18 auf 12 Grote, und bemerkt dabei, obgleich er eingesehen hätte, dass die Unterthanen sich in furchtbarer Not befänden und schlechterdings ihren Pflichten nicht nachkommen könnten, *„so haben wir jedoch unserer aller- und underthänigster schuldigkeit nach nicht unterlassen, den supplicirenden allerhand bewegliche remonstrationei dagegen zu thun".* Darauf erfolgt endlich eine Antwort des Dänenkönigs, in der er sich bereit erklärt, für seine Person den Bauern Erleichterung des Futter- und Dienstgeldes zu teil werden zu lassen. Nachdem auch der Herzog von Holstein-Gottorp sich damit einverstanden erklärt hat, wird die vorgeschlagene Herabsetzung durchgeführt; doch umsonst, die Bauern können auch diese Abgabe von 12 Grote nicht mehr leisten und verlangen, wieder zu den Naturaldiensten zurückzukehren. Dem kann aber nicht stattgegeben werden, weil die Herrschaft keine Vorwerke mehr hat.

Da endlich bekommt man bei der Regierung Verständnis für die Lage, man hat eingesehen, dass die Bauern nicht aus Widersetzlichkeit, sondern weil sie völlig verarmt sind, die Abgaben nicht leisten. Am 25. Januar 1672 schreibt der Dänenkönig: *„wir wollen unsere gehorsame underthanen über ihr vermögen nicht beschweren, noch thranen der armen und elenden auf uns und unser haus ziehen, sondern ihnen billigkeit widerfahren lassen".*

Dieser Brief inauguriert neue wirtschafts- und sozialpolitische Massnahmen, in den Vordergrund tritt nunmehr der Wunsch und die ehrliche Absicht, den Butjadingern und Stadländern auf die Beine zu helfen.

Man verzichtet zunächst auf die Leistung des Donativgeldes. Der Zehnte darf vorläufig wieder in natura geleistet werden, wo ein „Herrenschwein" geliefert werden muss, braucht es nur mehr von je 60 Jück, statt wie früher von 40 Jück gegeben zu werden, auch braucht es nur mehr 1 Reichsthaler 48 Grote wert zu sein. Das Dienst- und Futtergeld wird nicht mehr ermässigt, sondern bleibt in der Höhe von 12 Grote pro Jück bestehen. Die Räte werden aufgefordert, Massnahmen zur Hebung der Lage der Bauern zu erwägen und Gutachten darüber abzugeben.

Im Jahre 1680 gestattete der König bei Gelegenheit eines Besuches des Landes, dass in den nächsten 6 Jahren statt des Zehnten in natura 4 Grote pro Jück gegeben werden konnten. Diese Summe, welche von jedem Jück, ob es nun zum Fruchtbau oder zur Viehzucht gebraucht wurde, gezahlt werden musste, wurde 1686 um die Hälfte erhöht. Als aber die Einwohner dagegen protestierten, wurde der fixierte Naturalzehnte wieder eingeführt. Die zur Regulierung der Ordinairgefälle eingesetzte Kommission versuchte später die Umwandelung auch des Zehnten endgültig durchzuführen. Bei den Berechnungen wurde angesetzt:

Der Scheffel Roggen zu 24 Grote
„ „ Gerste „ 15 „
„ „ Bohnen „ 16 „
„ „ Hafer „ 8 „

Auf das Jück umgerechnet ergab das den Satz von 6 Grote, an welchem man zunächst noch festhielt. Als aber die Bauern diesen Satz durchaus nicht zahlen konnten, wurde am 29. Oktober und am 10. November 1692 das Zehntgeld für die Vogteien Blexen, Golzwarden, Rodenkirchen auf 5 Grote, für die übrigen auf 4 Grote pro Jück festgesetzt. Dieser Satz blieb dann bestehen und ging 1693 auch in die Erdbücher über.

Der Weinkauf blieb zunächst auf zwei Drittel der ursprünglich geforderten Summe ermässigt. Durch die königliche Verordnung vom 10. Mai 1681[1]) war bestimmt worden, dass von fremden Gutsübernehmern nicht mehr Weinkauf ge-

---

[1]) C. C. O. 3, 63.

fordert werden solle, als von Verwandten des Meiers. Im Jahre 1691 setzte die Kommission den Weinkauf auf 2 Thaler pro Jück und ermässigte diese Summe ein Jahr darauf auf 1 1/3 Thaler. Auch wurde bestimmt, dass er nicht mehr unregelmässig beim Wechsel in der Person des Wirtes einer Stelle, sondern regelmässig alle 20 Jahre erhoben werden solle. Die Summe von 1 1/3 Thaler wurde dann auf die 20 Jahre verrechnet und so in eine Rente verwandelt. Von jedem Jück musste nunmehr jährlich 4 4/5 Grote (von Reithbraken, Siednissen, Fledden und Wehlen 2 2/5 Grote) Weinkauf bezahlt werden. Diese Sätze blieben bestehen und wurden gleichfalls in die Erdbücher von 1693 eingetragen.

Auch die Leistung des „Herrenschweines"[1]), auch „Giebel-" oder auch wohl „Verehrungsschwein" genannt, wurde von der Regulierungskommission in eine feste Geldabgabe verwandelt, und zwar wurden von jedem Jück jährlich 1 1/2 Schwaren erhoben. Die Abgabe des „Giebelschweines" war übrigens für

---

[1]) Ueber den Ursprung dieser Abgabe berichtet Janssen in seiner Abhandlung „Der Ursprung der Ordinairgefälle in Stadt- und Butjadingerlande ..." (Zeitschr. f. Verw. u. Rechtspflege Bd. IV), dass die Grafen häufig die Mast, welche die grossen Forsten lieferten, nicht genügend hätten ausnützen können und dass deshalb den Butjadingern und Stadländern befohlen worden sei, in guten Mastjahren dem Grafen eine Anzahl magerer Schweine zu liefern. Derselbe Autor glaubt, dass das Wort „Giebelschwein" nicht vom Hausgiebel, sondern vom angelsächsischen gafol, welches Abgabe, Tribut bedeutet, abzuleiten sei. Das scheint uns nicht recht stichhaltig. Wie wir gesehen haben, wurde in Butjadingen das „Giebelschwein" zunächst nur von den Schweiern gefordert. Dieser Bezirk war nach der Eindeichung in ziemlich gleich grossen Stücken an Meier ausgegeben worden, wie ja auch nach „Bauen" gerechnet wurde. Da von jeder Bau nun ein Schwein gegeben werden musste, so ist es leicht möglich, dass statt von jeder Bau von jedem Hausgiebel, zu dem ja ein Stück Land von bestimmter Grösse gehörte, ein Schwein gefordert wurde. Der Ausdruck wurde verallgemeinert und blieb auch bestehen, als später von einer bestimmten Jückzahl ein „Verehrungsschwein" gegeben werden musste. Demzufolge ist ein Zusammenhang des Wortes mit Hausgiebel nicht ohne weiteres von der Hand zu weisen. Andererseits kann es auch eine Verhochdeutschung von „Gevelschwein" sein. Das Wort „gevel" kommt als Bezeichnung für Hausgiebel vor und in den Zusammensetzungen „gevelber" und „gevelwin", wo es mit „geben" und „Gabe" zusammenhängt.

die Bauern in den letzten Jahren nicht so sehr drückend gewesen, zumal es nur in den Jahren, in welchen Ueberfluss an Mast war, gefordert wurde.

Im Jahre 1694 war das Werk der Umwandlung vollendet, die Reformen hatten nunmehr durchgeführt werden können, da der Zustand des Landes und die Lage der Bauern sich gebessert hatten und man die übermässigen Forderungen ermässigt hatte. Nun erst konnte sich die Landwirtschaft vollständig erholen und einigermassen frei entwickeln. Es beginnt eine Zeit steigender Erträge und fortschreitender Kultur. Selbst die mannigfachen Ueberschwemmungen, die noch im Laufe der nächsten anderthalb Jahrhunderte hereinbrachen, vermochten nicht, das Land dauernd wieder in Verfall zu bringen.

Damit wäre eigentlich unsere Arbeit, welche ja „die Unfreiheit der Friesen zwischen Weser und Jade" behandeln soll, erschöpft, aber wir wollen nicht schliessen, ohne vorher noch kurz einen Ueberblick über die weitere Entwickelung der Bauern- und Landbefreiung gegeben zu haben.

Durch die Reformen am Ende des 17. Jahrhunderts war nicht alles beseitigt worden, was die freie Entwickelung der Landwirtschaft beeinträchtigte, es blieben neben den Geldabgaben, den „Ordinärgefällen" noch manche Reste der Grundherrlichkeit und der bäuerlichen Unfreiheit bestehen, darunter die Unteilbarkeit des Grundbesitzes und das Anerbenrecht.

Die weiteren Reformen setzten zuerst ein bei einem anderen Rest der landesväterlichen Grundherrlichkeit — den schlechten Deichen. Bevor diese nicht dem Lande genügenden Schutz boten, musste man jederzeit neue Ueberfälle und Verheerungen durch das Wasser befürchten. Die neue Deichordnung von 1681 wollte der Deichfreiheit ein Ende machen; jeder vom Wasser bedrohte Grundbesitzer, der Landesherr selbst nicht ausgenommen, sollte deichpflichtig sein. Qualität und Quantität des Besitzes waren massgebend für den Umfang der Deichpflicht[1]). Aber diese Deichordnung musste infolge der Beschwerden der bisherigen Freien, vor allem der „Adlig-

---

[1]) C. C. O. 2, 257.

freien", anderen weniger weit gehenden Bestimmungen weichen. Immerhin wurde in den nächsten Decennien eine Verbesserung der Deiche erreicht, zumal der Dänenkönig erhebliche Summen dazu vorschoss. Auf die Dauer nützten aber die Verbesserungen nicht. Weite Strecken Landes gingen noch im Laufe des 18. und im Anfang des 19. Jahrhunderts verloren und zwar auch viel von dem, was die oldenburgischen Grafen durch Eindeichungen gewonnen hatten. In den Vogteien Stollhamm, Eckwarden, Burhave, Blexen, also an der ganzen Butjadinger Seeküste mussten fast alle Deiche landeinwärts gelegt werden, weil sie unhaltbar geworden waren[1]). Endgültige Verbesserungen schuf erst die Deichordnung vom 8. Juni 1855[2]), durch welche alle früheren Bestimmungen, Gesetze und Gewohnheiten aufgehoben wurden. Erst dadurch wurde der alte Grundsatz „kein Land ohne Deich, kein Deich ohne Land" rechtskräftig, dessen Durchführung erst die dauernde Verbesserung der Deiche ermöglichte. Alles unter dem Schutz der Hauptdeiche liegende Land, das Binnenland, wurde für deichpflichtig erklärt. Zu dem Binnenland wurde auch das an die Marsch grenzende Geest- und Moorland gerechnet, soweit es 3 Fuss und weniger über der ordinären Fluthöhe lag. Die Deich und Siellast ruhte unablöslich auf dem Lande und war von demselben unzertrennlich. Dieses Gesetz von 1855 ist von der grössten Bedeutung, es bildet noch heute die Grundlage unseres Deichrechtes.

Die Naturalabgaben und Dienste waren, wie wir gesehen haben, in der Hauptsache in Geldabgaben umgewandelt worden. Diese Geldabgaben ruhten als Ordinärgefälle auf dem Lande und konnten nur mit diesem veräussert werden („die Onera folgen dem Lande")[3]). Der Weinkauf verminderte sich im Laufe der Zeit immer mehr, im Jahre 1761 betrug er im Amt Ovelgönne nur noch 6 Grote pro Jück[4]). Bei den meisten übrigen noch nicht zu Geld behandelten Leistungen fanden gleichfalls im Laufe der Jahre Umwandelungen in Geldzahlungen

---

[1]) Kollmann, Das Herzogtum Oldenburg während der letzten 40 Jahre 142.
[2]) Gesetzblatt für das Herzogtum Oldenburg XIV 765.
[3]) C. C. O. 4, 36.
[4]) C. C. O. III 379.

statt. So wurde z. B. schon 1692 für die den Vögten einmal im Jahre zu liefernde Milch von allen Kühen an manchen Stellen statt der Milch für jede Kuh 2 Grote gegeben. Mit dem Anfang des 19. Jahrhunderts sind in Butjadingen und Stadland wohl die meisten Naturallasten in feste Geldabgaben verwandelt gewesen. Was etwa noch nicht beseitigt war, wurde während der französischen Invasion abgeschafft, welche auch, allerdings leider nur vorübergehend, die Befreiung des Bodens und die volle Verfügungsfreiheit des Bauern über seinen Besitz herbeiführte.

Das Dekret des Kaisers Napoleon I. vom 9. Dezember 1811 befiehlt die gänzliche Abschaffung des Lehnswesens in den Departements der Ober-Ems, der Weser- und Elbemündungen. Alle Lehen, welches auch ihre Beschaffenheit sein mochte, wurden in freie Erbgüter verwandelt und von jeder Pflicht, die mit dem Feudalsystem verbunden war, befreit. Desgleichen wird die freie Teilbarkeit erlaubt. Anerkannt werden von dem Dekret nur die Allodialgüter. Aus den weiteren Bestimmungen wollen wir nur noch einige wichtige herausgreifen. Die Leibeigenschaft wurde ohne Entschädigung aufgehoben. Die Lehn- und Kolonatverhältnisse, sowie alle grundherrlichen Rechte, Zehnten, Dienste und Gefälle werden teils mit, teils ohne Entschädigung aufgehoben, teils für ablöslich erklärt.

Das Gesetz vom 9. Dezember 1811 war also für die Entwickelung der Landwirtschaft äusserst günstig, leider hatte es nur kurze Zeit Gültigkeit. Nachdem das Land von der französischen Herrschaft befreit war und Herzog Peter Friedrich Ludwig zurückgekehrt war, wurde durch das Gesetz vom 10./17. März 1814 [1]) die Aufhebung jenes französischen Dekrets und die Wiederherstellung der lehns- und gutsherrlichen Verhältnisse verordnet. Aufgehoben blieben infolge eines schon am 8. Juni 1808 gefassten, aber nicht ausgeführten Beschlusses: „Die Eigenbehörigkeit mit allen unmittelbar daraus fliessenden Rechten und Verbindlichkeiten der Hörigkeit, dem Freikauf, dem Besatzungs- und Vindikationsrecht, dem Unterthänigkeits-

---

[1]) Old. Gesetzbl. I 104.

eid, dem Gutsherrlichen Korrektionsrecht, dem Gesindezwangdienst, der Abgabe für die Einwilligung zur Heirat, dem Sterbefall (mortuarium) und der Einschränkung des Erwerbs- und Verfügungsrechts über das mit dem Hofe nicht verbundene Allodium. Die Gutsherren sollen jedoch für den Verlust, welchen sie durch die Aufhebung dieser Rechte an ihren Einkünften leiden, durch eine billige gesetzlich zu bestimmende Erhöhung der jährlichen Abgaben, sobald die Einführung eines anderen Steuersystems eine solche Erhöhung gestatten wird, entschädigt werden, wobei indessen auf die Entbehrung bis zu diesem Zeitpunkt keine Rücksicht genommen werden kann." Suspendiert, aber später wieder hergestellt, wurden die Zwangs- und Bannrechte, die „unter dem Namen Ordinärgefälle hergebrachten gutsherrlichen Abgaben" und die Patrimonialgerichtsbarkeit. Aufgehoben blieben die Lehn- und grundherrlichen Gefälle, welche infolge des Dekrets vom 9. Dezember 1811 losgekauft worden waren.

Für Butjadingen und Stadland trifft von diesen Gesetzen vieles nicht zu[1]); die Bauernbefreiung war ja, wie wir gesehen haben, viel früher durchgeführt, und es war nur noch die Aufhebung der aus der Grundherrlichkeit herrührenden Abgaben, die vielfach einen steuerlichen Charakter angenommen hatten, die Befreiung des Bodens und die volle Verfügungsfreiheit des Bauern über seinen Besitz zu bewerkstelligen.

Die Wiederaufnahme der Reformen geschah erst mehr als drei Jahrzehnte später. Sie wäre wohl eher erfolgt, hätte Oldenburg eine landständische Verfassung bekommen, wie sie durch Artikel 13 der Bundesakte von 1815 versprochen worden war. In allen Staaten war dieses Versprechen, wenn auch meist sehr unvollkommen, erfüllt worden; in Oldenburg wurden nicht einmal Landstände mit beratender Stimme eingeführt. Wohl hatte man die Absicht (nach der Julirevolution), das durch den Beitritt zum deutschen Bunde gegebene Versprechen zu erfüllen und Landstände nicht nur mit beratender Stimme,

---

[1]) Die in den Gesetzen sich offenbarende strenge Form der Leibeigenschaft herrschte zu jener Zeit nur noch in den ehemals zum Bistum Münster gehörigen, durch den Reichsdeputationshauptschluss 1803 an Oldenburg gefallenen Aemtern Vechta und Cloppenburg.

sondern mit beträchtlicher gesetzgebender Gewalt einzuführen; aber die Ausführung war verhindert worden, hauptsächlich durch den Widerstand auswärtiger Mächte, nämlich „der beiden Chefs des Hauses Holstein", des Kaisers von Russland und des Königs von Dänemark [1]). Erst das Jahr 1848, erst die Februarrevolution, brachte auch uns die konstitutionelle Verfassung. Das Staatsgrundgesetz vom 26. Juni 1848 (veröffentlicht am 18. Februar 1849) und das revidierte Staatsgrundgesetz vom 22. November 1852 bewirkten einen grossen Fortschritt des Befreiungswerkes.

Der Artikel 59 des Staatsgrundgesetzes hebt jeden guts- und schutzherrlichen, sowie jeden Hörigkeits- und Unterthänigkeitsverband für immer auf. „Die von diesem Verbande befreiten Stellen und Grundstücke gehen in das freie Eigentum desjenigen über, welchem zur Zeit der Verkündigung des Staatsgrundgesetzes das vererbliche Kolonatrecht zusteht." — „Ohne Entschädigung werden aufgehoben und können nicht wieder eingeführt werden:

a) der Gesindezwangsdienst, Freikauf und Sterbefall und alle etwa sonst noch bestehenden aus dem guts- und schutzherrlichen Verbande entspringenden persönlichen Abgaben und Leistungen;
b) das Heimfallsrecht des Gutsherrn;
c) der Neubruch- oder Blutzehnt;
d) das Recht am Holze auf fremdem oder pflichtigem Boden, dieses Recht stamme aus einem hoheits- oder gutsherrlichen Rechte;
e) alle Staatsfronen, Landfolgedienste, oder dem Staat als solchem zu leistenden Hofdienste und derartige Belästigungen mit Ausnahme der Gemeindedienste und -Lasten, und der Notleistungen durch Krieg, Brand, Ueberschwemmung und dergleichen veranlasst."

Der Absatz 3 des Artikels 59 bestimmt, dass alle übrigen aus einem bis dahin noch bestandenen guts- nnd schutzherrlichen Verbande fliessenden, auf dem Grundeigentum ruhenden

---

[1]) Vgl. den sehr interessanten Aufsatz „Zur Vorgeschichte des Oldenb. Staatsgrundgesetzes" X. Teil der Schriften des Oldenb. Vereins für Altertumskunde und Landesgeschichte.

Dienste, Grundzinsen und Reallasten, sowie die Zehnten jeden Ursprungs unter Vorbehalt der Entschädigung aufgehoben sind. Das Entschädigungskapital darf den 16fachen Betrag des Geldwertes des jährlichen Reinertrags nicht übersteigen.

Keine Anwendung findet der Artikel auf die an den Staat zu zahlenden „Ordinärgefälle", die doch auch zum grössten Teil grundherrlichen Ursprunges sind. Das Mühlenregal des Staates wurde ebenfalls aufgehoben.

Was von diesen Reformen für Butjadingen und Stadland zutrifft, braucht wohl nicht mehr besonders hervorgehoben werden.

Wie gestaltete sich nun nach dem Jahre 1848 das Besitzrecht des grossherzoglichen Hauses an dem Domanialvermögen, dem im Laufe der Jahrhunderte ein grosser Teil der nach Anton Günthers Tode in verschiedene Hände gegangenen Güter wieder zugefallen war. Am 5. Februar 1849 wurde zwischen Grossherzog und Landtag eine später mit in das Staatsgrundgesetz aufgenommene Vereinbarung getroffen, durch welche das gesamte Domanialvermögen in „Krongut" und „Staatsgut" geschieden wurde. Das „Krongut" umfasst eine Reihe von Gütern, die 1849 einen Pachtwert von 85000 Thalern hatten, es befindet sich im Besitz des jeweils regierenden Grossherzogs und ist frei von allen Staatslasten, -abgaben und -steuern. Der übrige Teil des Domanialvermögens ging als „Staatsgut" in das Eigentum des Landes über, nachdem der Grossherzog gegen die Bewilligung einer jährlichen Dotation von 85000 Thalern, die seiner Familie auf dasselbe zustehenden Rechte aufgegeben hatte.

Versprochen wurde in dem Staatsgrundgesetz die Aufhebung der Unteilbarkeit des Grundbesitzes und des Anerbenrechtes. In Butjadingen und Stadland bestand eine durch die Oldenburger Grafen eingeführte und durch das Butjadinger Landrecht von 1664 fixierte schwache Form des Anerbenrechtes, das „Recht auf den Sitz". Der jüngste Sohn übernahm das sog. „Stammgut" um einen „civilen Preis", d. h. der volle Wert des Gutes wurde taxiert und darauf von dem Taxat ein Abzug von 10—30 % gemacht. Der Anerbe bekam also ein „Voraus", welches zwischen 10 und 30 % schwankte, in den sechziger Jahren unseres Jahrhunderts betrug es durchweg 15 %. Schärfer ausgebildet war dagegen das Grunderbrecht in Teilen der Gemeinden Ovelgönne und Seefeld und in der Gemeinde Schwei [1]). In diesen Teilen war ehemals das Land, welches grösstenteils durch Eindeichungen neu gewonnen war, von den Landesherren in ziemlich gleich grossen Flächen an Meier ausgegeben worden. Man rechnete dort bei den herrschaftlichen Stellen nach ganzen bezw. halben Bauen. Das Bestreben war gewesen, diese Stellen abgabenfähig zu erhalten, d. h. sie sollten die einmal bestehenden Abgaben in ihrem alten Umfange weiterleisten. Auf diese herrschaftlichen Stellen findet die Brautschatzverordnung vom 28. Februar 1730 [2]) Anwendung. Danach wurde bei Todesfällen der Wert der Stelle durch beeidigte Taxatoren geschätzt, von der erhaltenen Summe wurden die Schulden abgezogen [3]) und von dem Rest erhielten die weichenden Erben 20 %, der Anerbe 80 %. Das nicht zur Bau gehörige Grundeigentum des Verstorbenen, das „Umland", wurde unter alle Kinder gleichmässig verteilt. Das Inventar an Vieh und Mobilien, der „Beschlag" genannt, fiel, soweit es zur Bewirtschaftung der Bau nötig war, an den Anerben. Dieser musste aber jedem auszustattenden Kinde noch einen Brautwagen geben, dessen Wert für eine ganze Bau auf 30, für eine halbe auf 15 Reichsthlr. festgesetzt wurde. Durch Auslobung übermässiger Brautschätze wurde nicht selten versucht, das Anerbenrecht im Interesse der weichenden Erben zu umgehen oder es doch in seiner Strenge gegen dieselben zu mildern. Daher wurde in der erwähnten Brautschatzverordnung nicht allein der Wert der Brautwagen wie oben fixiert, sondern auch die Auslobung und Ausbedingung grösserer Erbportionen oder Brautschätze bei Strafe der Konfiskation des zu viel Ausgelobten oder Ausbedungenen verboten [4]).

---

[1]) Hullmann, Reform des Grunderbrechts 11.
[2]) C. C. O. I 2, 10.
[3]) Hullmann teilt mit, dass die Schulden zunächst aus dem Allod (Umland) gedeckt worden seien und dass sie nur in so weit, als dasselbe nicht ausgereicht, von der Stelle zu tragen gewesen seien (S. 12).
[4]) Schon früher war gegen die Auslobung zu grosser Brautschätze und Erbportionen eine Reihe von Verordnungen ohne Erfolg ergangen,

Wir haben also in Butjadingen und Stadland eine milde und eine überaus strenge Form des Anerbenrechts. Für die Gebiete der beiden Formen ist die Weiterentwickelung verschieden. Aufgehoben werden musste indessen bei beiden zunächst die Geschlossenheit des Grundbesitzes, erst dann konnte man an die Beseitigung des daraus entstandenen Anerbenrechtes denken.

Durch Artikel 40 des Gesetzes vom 28. März 1852 wurden die Erb- und Stammgüter aufgehoben, das bedeutete für das Gebiet des gemässigten Anerbenrechtes die Aufhebung der Unteilbarkeit des Grundbesitzes. Weniger schnell ging die Sache in dem Gebiet des strengen Anerbenrechtes. Die Geschlossenheit der Stellen stand dort noch im engsten Zusammenhang mit dem Registerwesen. Alle Abgaben wurden nach der ganzen oder halben Bau seit Jahrhunderten berechnet. Die Einführung der freien Teilbarkeit hätte also eine grosse Verwirrung in die Register bringen müssen, sie konnte nicht eher vor sich gehen, als bis das alte System der Belastung des Grundbesitzes aufgehoben war. Diese Reform wurde angebahnt durch die vier wichtigen Gesetze vom 18. Mai 1855[1]):

1. das Gesetz über die Ermittelung des Steuerkapitals der Grundstücke und Gebäude im Herzogtum Oldenburg behufs einer neuen Veranlagung der Grund- und Gebäudesteuer;
2. das Gesetz über die Einrichtung und Erhaltung des Katasters;
3. das Gesetz über die anderweitige Veranlagung der Grundsteuer;
4. das Gesetz über die Ablösbarkeit der Ordinärgefälle.

Durch das Gesetz über die anderweitige Veranlagung der Grundsteuer wurde aufgehoben ein Siebentel der Ordinärgefälle, für welches man einen steuerlichen Charakter voraussetzte, ferner die Milchgelder, die Schreibgelder (von besamten Jücken),

---

so in den Jahren 1690, 1693, 1701, 1702, 1706 und 1712. Wir ersehen auch daraus, dass das Grunderbrecht in scharfem Gegensatz zum Rechtsgefühl des Volkes stand.

[1]) Gesetzbl. X 711—745.

die Dienstfreien-, Reise-, Laufreise-, Briefträger-, Schatzträger-, Fuhrgelder und der „Beamtenfutterhafer". An die Stelle dieser Abgaben trat eine nach dem Reinertrage vom Grund und Boden umzulegende Grundsteuer. Alle nicht schon durch dieses Gesetz bezw. durch das Gesetz vom 12. März 1851, betreffend die Ablösung der Berechtigungen des Staates, aufgehobenen Ordinärgefälle wurden durch das vierte Gesetz vom 18. Mai 1855 für ablösbar erklärt. Die Ablösung konnte schon vor Eintritt des Gesetzes über die anderweite Veranlagung der Grundsteuer erfolgen.

Das Werk der Abschätzung zur Grundsteuer wurde begonnen 1859 und 1865 gleichzeitig mit der Aufstellung des Katasters beendet[1]). Vom 1. Januar 1866 an trat dann die neue Steuer in Kraft. Damit war auch der Weg frei für die Aufhebung der Beschränkungen der Verfügungsfreiheit des Bauern über seinen Grundbesitz. Allerdings erfolgte die Aufhebung der Beschränkungen nicht unmittelbar nach der Einführung des neuen Systems der Besteuerung. Man wusste zunächst nicht, in welcher Weise die Reform des Grunderbrechts durchzuführen sei. Auf der einen Seite forderte man die Aufhebung der Geschlossenheit des Grundbesitz- und als unbedingte Konsequenz derselben die Aufhebung des Anerbenrechts und Vererbung nach gemeinem Recht, auf der anderen Seite konnte man sich nicht entschliessen, so vollständig mit der Grundherrlichkeit zu brechen, indem man ihr letztes Ueberbleibsel aufhob. Man wollte wohl freie Teilbarkeit, nicht aber gleiches Erbrecht. Die Gesetzgebung schlug einen Mittelweg ein. Durch das Gesetz vom 24. April 1873 hob sie zunächst die auf der Geschlossenheit des Grundbesitzes beruhenden Beschränkungen hinsichtlich der Zerstückelung derselben oder der Abtrennung einzelner Teile von denselben auf. Durch ein zweites Gesetz vom gleichen Tage wurde das gleiche Erbrecht eingeführt, doch wurde jedem Grundeigentümer freigestellt, durch protokollarische Willensäusserung vor der Verwaltungsbehörde aus seinem Grundeigentum oder einem mit Wohngebäude versehenen Teile desselben eine „Grunderbstelle zu

---

[1]) Kollmann 113.

bilden". Der übernehmende Erbe erhält in diesem Falle auf der Marsch 15 %, auf der Geest 40 % des vollen Wertes als „Voraus". Die Eigenschaft eines Hofes als „Grunderbstelle" kann jederzeit durch den jeweiligen Eigentümer wieder aufgehoben werden. Beide Gesetze traten mit dem 1. Januar 1894 in Kraft.

Damit war das grosse Werk der Landbefreiung endlich vollendet. Das Anerbenrecht war, wie wir im III. Kapitel dieses Buches gesehen haben, hervorgegangen aus der Unteilbarkeit des Grundbesitzes, diese aber war ein Ausfluss der landesväterlichen Grundherrlichkeit und der Unfreiheit der Bauern. Aber beide Beschränkungen der Verfügungsfreiheit des Bauern über sein Grundeigentum haben ihren Stammvater, die Grundherrlichkeit, nicht lange überleben können. Sie fielen mit den letzten Resten des Systems, das sie hervorgebracht.

Schluss.

Damit ist unsere Arbeit beendet. Wir haben in derselben die Wirtschaftsgeschichte eines Bauernvolkes kennen gelernt, welches heute durch seine hoch entwickelte, intensive Viehzucht bekannt ist und deswegen von den Nationalökonomen mit besonderem Interesse beobachtet wird. Wir haben gesehen, wie dieses Bauernvolk anfangs in wirtschaftlicher und politischer Selbständigkeit lebte und wie gerade der Umstand, dass kein Stammesgenosse in der Bethätigung seiner Fähigkeiten gehemmt war, weder durch eine kommunistische Agrarverfassung, noch durch irgend eine Form der Grundherrlichkeit, die Landwirtschaft zu so hoher Blüte und die Bauern zu so hoher wirtschaftlicher Kraft brachte, dass sie vermochten, sich in jahrhundertelangen Kämpfen ihrer zahlreichen, mächtigen Gegner zu erwehren. Nie hätte ein durch Hörigkeit und Grundherrlichkeit entnervtes Volk so heldenmütig und so erfolgreich zugleich für seine Freiheit kämpfen können. Wir haben dann weiter gesehen, wie diese Bauern, durch eine gewaltige Uebermacht endlich bewältigt, ihre Freiheit verloren und allmählich von den Grafen von Oldenburg systematisch auf ein tieferes wirtschaftliches Niveau gebracht und dann zu Hörigen herabgedrückt wurden. Kaum hundert Jahre dauerte der Zustand der Hörigkeit, aber diese kurze Zeit hatte genügt, aus dem blühenden Lande eine trostlose Wüste zu machen, in der als Oasen nur die gräflichen Vorwerke einen erfreulichen Anblick boten. Erst mit dem Aussterben der gräflich oldenburgischen Linie, erst als eine Regierung in das Land kam, die nicht so sehr von eigennützigen Erwägungen beherrscht war, als die Absicht hatte, die elende Lage der Unterthanen zu verbessern, erst da trat eine Besserung in den Verhältnissen ein. Doch der schlechte Zustand der Deiche, auch ein Vermächtnis der oldenburgischen Grafen, hob immer und immer wieder die Wirkungen der Reformen auf und noch in unserem Jahrhundert, verheerte das Wasser wiederholt die saure Arbeit des Landwirtes.

Aber dennoch ist ein Aufschwung in der Landwirtschaft nach dem Aussterben der Grafen unverkennbar und wenn auch häufig Verwüstungen durch das Wasser vorkamen, erholte man sich doch verhältnismässig schnell davon. Nur einmal, am Ende des 18. Jahrhunderts, trat ein recht bedenklicher Notstand ein, aber es gelang den Bauern nach einigen Jahren wieder bessere Verhältnisse herbeizuführen. Wenn auch die Zeit der Hörigkeit von verderblichem Einfluss auf die Bauern gewesen war, so war sie doch zu kurz gewesen, um sie wie in vielen anderen Teilen von Deutschland völlig zu degenerieren. Nach der Aufhebung der Hörigkeit hob sich im Laufe der Jahre der Bauernstand, die alte Thatkraft erwachte wieder und als endlich immer mehr mit der Grundherrlichkeit aufgeräumt wurde, als der fortschrittliche Wind von 1848 die Hauptreste fortgeweht und uns eine konstitutionelle Regierung gebracht hatte, da gelangte die Landwirtschaft zu der Blüte, in der sie sich heute befindet. Der fortschrittliche Geist, die liberalen Ideen sind es, die den Bauern die völlige Freiheit gegeben und ihre wirtschaftlichen Bedingungen geschaffen haben, möchten sie dessen immer eingedenk sein!